Bloggerspirit

Jürgen Nawatzki

Bloggerspirit

„Und kannst Du davon leben?" -
Ehrlicher Erfahrungsbericht eines
Finanzbloggers

Jürgen Nawatzki
Paderborn, Deutschland

ISBN 978-3-658-46283-3   ISBN 978-3-658-46284-0   (eBook)
https://doi.org/10.1007/978-3-658-46284-0

Die Deutsche Nationalbibliothek verzeichnet diese Publikation in der Deutschen Nationalbibliografie; detaillierte bibliografische Daten sind im Internet über https://portal.dnb.de abrufbar.

© Der/die Herausgeber bzw. der/die Autor(en), exklusiv lizenziert an Springer Fachmedien Wiesbaden GmbH, ein Teil von Springer Nature 2025

Das Werk einschließlich aller seiner Teile ist urheberrechtlich geschützt. Jede Verwertung, die nicht ausdrücklich vom Urheberrechtsgesetz zugelassen ist, bedarf der vorherigen Zustimmung des Verlags. Das gilt insbesondere für Vervielfältigungen, Bearbeitungen, Übersetzungen, Mikroverfilmungen und die Einspeicherung und Verarbeitung in elektronischen Systemen.
Die Wiedergabe von allgemein beschreibenden Bezeichnungen, Marken, Unternehmensnamen etc. in diesem Werk bedeutet nicht, dass diese frei durch jede Person benutzt werden dürfen. Die Berechtigung zur Benutzung unterliegt, auch ohne gesonderten Hinweis hierzu, den Regeln des Markenrechts. Die Rechte des/der jeweiligen Zeicheninhaber*in sind zu beachten.
Der Verlag, die Autor*innen und die Herausgeber*innen gehen davon aus, dass die Angaben und Informationen in diesem Werk zum Zeitpunkt der Veröffentlichung vollständig und korrekt sind. Weder der Verlag noch die Autor*innen oder die Herausgeber*innen übernehmen, ausdrücklich oder implizit, Gewähr für den Inhalt des Werkes, etwaige Fehler oder Äußerungen. Der Verlag bleibt im Hinblick auf geografische Zuordnungen und Gebietsbezeichnungen in veröffentlichten Karten und Institutionsadressen neutral.

Planung/Lektorat: Irene Buttkus
Springer ist ein Imprint der eingetragenen Gesellschaft Springer Fachmedien Wiesbaden GmbH und ist ein Teil von Springer Nature.
Die Anschrift der Gesellschaft ist: Abraham-Lincoln-Str. 46, 65189 Wiesbaden, Germany

Wenn Sie dieses Produkt entsorgen, geben Sie das Papier bitte zum Recycling.

„Wähle einen Beruf, den du liebst, und du brauchst keinen Tag in deinem Leben mehr zu arbeiten."
Konfuzius
(Chinesischer Philosoph zur Zeit der Östlichen Zhou-Dynastie. Er lebte vermutlich von 551 v. Chr. bis 479 v. Chr.)

Vorwort

Dies ist ein Erfahrungsbericht über meine Zeit als Finanzblogger und Influencer von Mai 2015 bis Ende 2023. Außerdem über die Jahre 2012 bis Mitte 2015, in denen ich als Buchautor und freiberuflicher Texter gearbeitet habe.

Schreiben ist wohl mein größtes Talent und meine Berufung. Diese lebe ich nun seit gut zehn Jahren als Buchautor und Finanzblogger. Dabei war es immer mein Wunsch, vom Schreiben einmal leben zu können.

Ein ehrlicher Erfahrungsbericht, wie es sich als Finanzblogger lebt und arbeitet, mit allen Höhen und Tiefen, liegt meines Wissens noch nicht vor. Auf jeden Fall erfährst du viel übers Bloggen und Schreiben sowie darüber, welche Herausforderungen damit verbunden sein können, seinen Traumjob zu leben.

Blogger ist inzwischen ein Geschäftsmodell und neuer Beruf, von dem man zumindest in bestimmten Nischen leben kann; mindestens aber lässt sich als Blogger ein solides Nebeneinkommen aufbauen.

Dabei gehe ich recht offen mit meinen Zahlen – Umsatz, Kosten, Gewinn – um, was es so bisher auch noch nicht gab.

Wegen einer besseren Lesbarkeit wird hier auf die gleichzeitige Verwendung der Sprachformen männlich, weiblich und divers (m/w/d) verzichtet. Sämtliche Personenbezeichnungen gelten gleichermaßen für alle Geschlechter. Möge mir verzeihen, wer sich dadurch misgendert fühlt.

Und jetzt wünsche ich dir eine interessante Lektüre darüber, wie es ist, seine Berufung als Autor und Blogger zu leben.

Paderborn Jürgen Nawatzki
Frühjahr 2025

Danksagung

Wenn man ein Buch schreibt, geht das nicht ohne die Hilfe einem nahestehender Menschen und andere Unterstützer.

Deshalb möchte ich zum einen meiner Mutter danken, die mit ihren 94 Jahren noch jeden Tag kocht und den Haushalt macht und zum anderen meiner ehemaligen Lebensgefährtin Ilona, die mich einerseits mental umfangreich unterstützt hat und mir andererseits wertvolle Anregungen zur Verbesserung und Optimierung des Manuskriptes gegeben hat. Auf sie geht auch der Titel „Bloggerspirit" zurück.

Und schließlich danke ich den Mitarbeiterinnen des Verlags Springer Gabler, meiner Lektorin Frau Irene Buttkus für ihre umfangreiche Unterstützung und Frau Merle Schäfer für das Projektmanagement. Sie haben entscheidend dazu beigetragen, dieses Buchprojekt erfolgreich umzusetzen.

Einleitung

Jeder hat seine Talente und seine Berufung. Davon sind sogar die Ureinwohner Australiens, die Aborigines, überzeugt (vgl. Morgan 1998, S. 155 f.). Bei der Berufung handelt es sich um den inneren Ruf, den ein Mensch verspürt, etwas Wichtiges und Wesentliches zu tun. Dabei ist es unsere Lebensaufgabe, diese Berufung zu entdecken und sie mit allen verfügbaren Energien und Kräften zu leben und zu entwickeln (vgl. Nawatzki 2013, S. 14). Nur kennt nicht jeder seine Berufung.

Manch einer weiß schon in der Grundschule sicher, was er später einmal werden möchte; doch das ist die Ausnahme. Viele Schüler schließen die Schule ab, ohne zu wissen, welchen Beruf sie ergreifen sollen. Viele kennen ihre Berufung nicht und nehmen dann irgendeinen Job an, um damit den Lebensunterhalt zu verdienen. Und sind später mit dieser Entscheidung nicht immer glücklich.

Ich habe immer daran geglaubt, dass jeder seine Berufung hat; denn ich hatte mehrere Jobs, in denen ich eher unglücklich war. Dabei habe ich immer diejenigen beneidet, die den Eindruck machten, voll in ihrem gewählten Beruf aufzugehen. Einen Job zu machen, den ich nicht liebe, nur um Geld zu verdienen, hat bei mir nicht funktioniert. Dabei bin ich krank geworden.

Doch die eigene Berufung zu finden kann ein langwieriger Prozess sein. Es hat lange gedauert, bis ich mir darüber klar war, dass Schreiben mein größtes Talent und meine Berufung ist. Auf dem Weg dorthin habe ich einiges ausprobiert und bin manchen Irrtümern aufgesessen. Wie es ist, seine Berufung zu leben, welche innere Zufriedenheit daraus resultieren kann, aber auch welche Herausforderungen wirtschaftlicher Art damit verbunden sein können, darum geht es hier. Geschrieben habe ich schon immer gern. Im Studium Referate und meine Diplomarbeit, als wissenschaftlicher Mitarbeiter Aufsätze und eine Dissertation. Schon damals war ich jedes Mal stolz, wenn ich ein Referat oder einen Aufsatz vollendet in den Händen hielt. Besonders stolz war ich, als meine Diplomarbeit fertig war (Note: 1,0), in der ich ein Computerprogramm erstellt hatte, dass später in der Lehre (im Fach Statistical Computing) eingesetzt wurde. Und natürlich auch, als meine als Buch veröffentlichte Doktorarbeit (Nawatzki 1994) vorlag.

Doch damals dachte ich nicht daran, dass ich einmal das Schreiben zu meiner Existenzgrundlage machen würde. Ich hatte Betriebswirtschaftslehre (BWL) studiert und wollte Manager werden.

Jahre später begann ich in der Reha nach einer schweren Erkrankung meinen ersten Prosatext. Eine Erzählung über den Verlust meiner Lebensgefährtin, die jung an Krebs gestorben war und über deren Tod ich mich mit einem kleinen schwarzen Kater namens Baghira hinwegtröstete.

Einige Zeit später verfasste ich einen autobiografischen Roman, in dem ich die Traumata meines Lebens verarbeitete und der mir dabei mehr half als manche Sitzung beim Psychotherapeuten. Dadurch lernte ich die heilende Wirkung des autobiografischen Schreibens kennen.

Auch habe ich schon einmal einen Krimi angefangen, doch wusste ich nach etwa 120 Seiten nicht weiter. Das Werk wartet noch auf seine Vollendung. Da bin ich doch eher der Sachbuchautor als ein Geschichtenerzähler.

Wenn ich schreibe, bin ich oft im Flow. Dann bin ich völlig in meine Arbeit vertieft und vergesse die Welt um mich herum. Dann nehme ich weder Zeit, Ort noch Raum um mich herum wahr. Ruckzuck sind zwei, drei Stunden vorbei, ohne dass ich zwischendurch aus dem Fenster oder auf die Uhr geschaut hätte. Das ist jedes Mal ein sehr befriedigendes Gefühl. Dann fühle ich mich meist rundum zufrieden und glücklich.

Da mein Berufsleben alles andere als geradlinig und glatt verlief, war die Frage nach dem idealen Job lange ein zentrales Thema für mich.

Irgendwann wusste ich, dass ich nicht der geborene Verkäufer bin und dass ich auch nicht das Zeug zu einem erfolgreichen Manager habe. Denn ich habe nicht die geringste Lust, Menschen zu führen und Chef zu sein.

Im Grunde genommen bin ich von meiner mentalen Struktur und meinen wichtigsten inneren Werten her der Prototyp eines Soloselbstständigen. Ich will nicht, dass jemand anders Macht über mich hat, und ich brauche es auch nicht, Macht über andere zu haben.

Doch dass ich irgendwann meinen Lebensunterhalt mit Schreiben verdienen würde, dass Schreiben mein größtes Talent ist und dass ich dieses einmal ausleben sollte, diese (Selbst-)Erkenntnis kam erst später.

Als ich vor elf Jahren den Ratgeber *Mit Selbstcoaching zum Traumjob – Wie Sie in fünf Schritten Ihre wahre Berufung entdecken und umsetzen* (2013 erschienen bei Springer Gabler) schrieb, wurde mir letztlich klar, dass ich Schreiben zu meinem Beruf machen wollte. Ich liebe es, an einem Buch zu arbeiten und einen Text immer weiter zu optimieren.

Das lebe ich nun seit einer Dekade und welche positiven und negativen Erfahrungen ich dabei gemacht habe und was es für mich in allen Facetten bedeutet, meine Berufung zu leben, davon handelt dieses Buch.

Teile dieses Buchs wurden unter Zuhilfenahme von **ChatGPT 4.0** geschrieben. Der Fokus der Unterstützung durch das KI-Tool lag auf dem Sammeln von Ideen, dem Ergänzen bestehender Inhalte, dem Vorformulieren einiger Textpassagen und der Korrektur von Fehlern und unrunden Formulierungen. Inwieweit Künstliche Intelligenz (KI) zum Verfassen von Texten, Blogartikeln und Büchern genutzt werden kann, ist u. a. Gegenstand von Kap. 19 dieses Buchs.

Literatur

Morgan M (1998) Traumfänger – Die Reise einer Frau in die Welt der Aborigines, 61. Aufl. Goldmann, München

Nawatzki J (1994) Integriertes Informationsmanagement – Die Koordination von Informationsverarbeitung, Organisation und

Personalwirtschaft bei der Planung, Durchführung, Kontrolle und Steuerung des Einsatzes neuer Informationstechnologie in der Unternehmung. Verlag Josef Eul, Bergisch Gladbach/Köln

Nawatzki J (2013) Mit Selbstcoaching zum Traumjob – Wie Sie in fünf Schritten Ihre wahre Berufung entdecken und umsetzen. Springer Gabler, Wiesbaden

Inhaltsverzeichnis

1 **Wie ich durch Versuch & Irrtum zu meiner Berufung fand**   1
   Literatur   12

2 **Schreiben – mein Talent und meine Leidenschaft**   13
   2.1 Schreibblockaden   16
   2.2 Ansprechen von Agenturen und Verlagen   19
   Literatur   21

3 **Mein Traum – vom Schreiben leben zu können**   23
   3.1 Das Exposé   23
   3.2 Der Traum vom Bestseller   29
   3.3 Schreibaufträge   33
   Literatur   33

4 **Schreiben als Freelancer**   35
   Literatur   39

5	**Ausbildung zum Fachjournalisten**	41
	5.1 Das Feature	44
	5.2 Die Reportage	45
6	**Von Absagen und Rückschlägen: Keine Chance als freier Journalist**	51
	Literatur	56
7	**Die Gründung meines Finanzblogs**	57
	7.1 Warum ETFs?	57
	7.1.1 Börsengehandelte Indexfonds	58
	7.1.2 Active ETFs	61
	7.1.3 ETCs und ETNs	62
	7.2 Der Blog	63
	Literatur	67
8	**WordPress, SEO & Online-Marketing: Aller Anfang ist schwer**	69
	8.1 Suchmaschinenoptimierung (SEO)	70
	8.2 Online-Marketing	73
	8.2.1 Funnel	75
	8.2.2 Facebook Ads	76
	Literatur	78
9	**Mit einem Blog hast du immer etwas zu tun**	79
10	**Wieviel ich mit meinem Blog verdient habe**	83
	10.1 Affiliate Marketing	85
	10.2 Advertorials	87
	10.3 Jahresumsätze seit 2015	88
	Literatur	91

11	**Was uns glücklich macht und wieviel Geld dazu nötig ist**	93
	11.1 Einkommen und Lebensglück	93
	11.2 Erkenntnisse der Glücksforschung bzw. Positiven Psychologie	97
	Literatur	98
12	**Wofür es sich lohnt, morgens aufzustehen**	99
	Literatur	105
13	**Alle Freiheiten, die du bei der Arbeit haben kannst**	107
	13.1 Finanzcoaching	109
	13.2 Selbstverantwortung und Selbstdisziplin	111
	13.3 Mein Tagesablauf	112
	Literatur	113
14	**Monetarisierung – nur der einfachste Weg funktioniert**	115
15	**Der Traum vom Schreiben hat auch Schattenseiten**	123
	15.1 Strategien gegen die Einsamkeit	123
	15.2 Das kennzeichnet Soloselbstständige	125
16	**Die Motivation verläuft in Sinuswellen**	129
17	**Man muss neue Wege gehen und Dinge ausprobieren**	137
	17.1 Einfach mal praktisch ausprobieren	138
	17.2 Jeder ist seines Glückes Schmied	142
18	**Die Berufung entwickelt sich im Zeitablauf weiter**	145
	Literatur	152
19	**Wie künstliche Intelligenz beim Schreiben hilft**	155
	Literatur	162

20	**Bloggen als neuer Beruf**	165
	20.1 Exkurs: Darum sind ETFs bei Millennials beliebt	166
	20.2 Überall, wo WLAN ist	167
	20.3 Blogger und/oder Influencer?	172
	Literatur	174
21	**Zusammenfassung und Ausblick**	175
	Literatur	178

Informationen zum Autor

(Foto: Helen Callenius)

Dr. Jürgen Nawatzki lebt als Autor und ehemaliger Finanzblogger in Paderborn. Er hat BWL studiert und nach seiner Promotion als Finanzberater gearbeitet. Darüber hinaus ist er ausgebildeter Life Coach (Dr. Bock-Coaching Akademie) und Fachjournalist (FJS Berlin). Sein Spezialgebiet ist Geldanlage und Altersvorsorge mit Exchange Traded Funds (ETFs), über das er auf ETF-Blog.com seit 2015 regelmäßig gebloggt hat. Dabei war seine Mission, junge Menschen zu motivieren, etwas für ihre private Altersvorsorge zu tun. Schreiben ist sein größtes Talent und seine Leidenschaft Nr. 1. Feedback zu diesem Buch kannst du ihm geben unter: Mail: post@juergen-nawatzki.de

1

Wie ich durch Versuch & Irrtum zu meiner Berufung fand

Mein Weg zu einem Schriftsteller, Autor und Blogger war ein langsamer Prozess, der immer wieder durch Rückschläge gekennzeichnet war.[1]

Nach Abitur und Grundwehrdienst habe ich BWL studiert und damals hatte ich noch den Traum, später einmal einen Porsche 911 zu fahren und viel Geld zu verdienen.

Ich entstamme einer Mittelschichtfamilie – mein Vater war Beamter – und wir hatten im Prinzip genug zum Lebensunterhalt, konnten uns aber keinen großen Luxus leisten. Mein Vater starb, als ich elf Jahre alt war. Meine Mutter, meine beiden Schwestern und ich waren gut abgesichert, weil der Staat ordentlich für seine Beamten und deren Hinterbliebenen sorgt. Wir wohnten in einem Reihenhaus zur Miete und es reichte jedes Jahr für einen Urlaub – auch, weil meine Mutter sparsam ist und sehr gut mit Geld umgehen kann.

Doch als Kind bekam ich oft zu hören, dass wir uns dieses oder jenes nicht leisten konnten und ich beschloss schon früh, später einmal viel

---

[1] „Um Schriftsteller zu sein, muss man ein Buch geschrieben und in einem Buchverlag veröffentlicht haben. Als Autoren bezeichnet man auch die Verfasser journalistischer Texte oder von Comics. Jeder Schriftsteller ist auch Autor, aber nicht jeder Autor ist ein Schriftsteller." (Google auf die Frage: Was ist der Unterschied zwischen einem Schriftsteller und einem Autor am 27.06.2023).

Geld zu verdienen, um mir alle meine Wünsche erfüllen zu können. Denn ich hatte meist mehr Wünsche als Geld.

Mit dieser Vorstellung ging ich durchs Studium und die anschließende Phase als wissenschaftlicher Mitarbeiter am *Lehrstuhl für Organisation & EDV*[2] der wirtschaftswissenschaftlichen Fakultät der Universität Münster. 1993 wurde ich im Juli promoviert und fing im September bei der *MLP Finanzdienstleistungen AG*[3] (MLP AG) als Berater an. Zu dieser Zeit ging es voll in eine Wirtschaftskrise (in Westdeutschland ging das Bruttoinlandsprodukt 1993 gegenüber 1992 um nahezu 2 % zurück) und viele Unternehmen stellten keine neuen Mitarbeiter ein. *MLP* expandierte jedoch zu dieser Zeit und wurde in den 90er-Jahren vom renommierten *manager magazin* in Zusammenarbeit mit dem Lehrstuhl für Finanzwirtschaft der Universität Kiel viermal in Folge zur besten deutschen Aktiengesellschaft gekürt (Lautenschläger und Török 1996, S. 183 ff.). Ich ging nach Hamburg, um als selbstständiger Finanzberater – angebunden an ein Unternehmen – mein Glück zu machen. Das stellte sich jedoch als schwieriger heraus, als ich es mir anfangs vorgestellt hatte.

Die Konstruktion, einerseits selbstständig zu sein, andererseits Mitglied einer Geschäftsstelle und eines Unternehmens mit einer Zentrale in Heidelberg ist schon eine besondere Konstellation. So hieß es beispielsweise, wenn wir Finanzberater etwas von der *MLP AG* forderten: „Macht mal selbst, schließlich seid Ihr selbstständig!" Und eine halbe Stunde später erinnerte uns der Geschäftsstellenleiter an die nächste Montagsrunde, die bundesweit in allen Geschäftsstellen abgehalten wird: „Kommenden Montag ist um 10:00 Uhr unsere wöchentliche Runde. Seid bitte pünktlich!"

Es handelte sich bei dem Verhältnis zwischen MLP und dem Berater um ein eigenartiges Zwitterverhältnis: einerseits wirtschaftlich selbst-

---

[2] Exakt hieß er Lehrstuhl für Betriebswirtschaftslehre, insbesondere Organisation und EDV und wurde – nachdem der Studiengang Wirtschaftsinformatik an der Uni Münster etabliert wurde – umbenannt in Lehrstuhl für Betriebswirtschaftslehre, insbesondere Organisationstheorie und Personalmanagement.

[3] MLP steht für Marschollek, Lautenschläger und Partner und wurde 1971 von Eike Marschollek und Manfred Lautenschläger gegründet. Heute firmiert MLP unter dem Namen *MLP Finanzberatung SE*.

ständig und trotzdem in gewisser Weise weisungsgebunden. Böse Zungen haben es mitunter so formuliert: „Bei MLP bis du im Prinzip angestellt, aber ohne Sozialversicherungsbeiträge durch den Arbeitgeber."
Damit die Berater ihre Miete zahlen und ihren Lebensunterhalt bestreiten konnten, bekam man jeden Monat einen Vorschuss, dem die erwirtschafteten Provisionen gegenübergestellt wurden. Da die Umsätze sich erst nach und nach entwickelten, baute man zunächst Schulden auf. Und irgendwann war man „aus dem Vorschuss", wie es im MLP-Jargon hieß. Bei mir hat dies gut drei Jahre gedauert. In jedem Jahrgang, der bei MLP beginnt, gibt es einige „Umsatzraketen", ein gesundes Mittelfeld und schließlich diejenigen, die früher oder später das Unternehmen verlassen, weil sie nur sehr mühsam oder gar nichts verkaufen. Ich gehörte zwar zum gesunden Mittelfeld, doch war mir erstens zu viel „Druck im Kessel" und zweitens langweilte es mich nach einigen Jahren, immer wieder das nahezu selbe Verkaufsgespräch abzuspulen. Denn letztlich ging es vor allem darum, Kapital-Lebensversicherungen mit einer Berufsunfähigkeitszusatzversicherung (Kapital-LV mit BUZ) an junge Akademiker zu verkaufen, weil dies einerseits aus damaliger Sicht eine sinnvolle Absicherung war, andererseits eine hohe Provision einbrachte; sowohl für den Berater als auch für die *MLP AG*. Ansonsten berieten wir unsere Kunden in allen finanziellen Fragestellungen. Angefangen bei

- Sachversicherungen,
- über Lebensversicherungen,
- Geldanlage,
- Immobilienfinanzierungen bis hin zu
- Existenzgründungen.[4]

Dazu akquirierten wir an der Uni junge Akademiker, wobei MLP-Berater auf eine bestimmte Klientel spezialisiert sind: Mediziner, Zahnärzte, Ingenieure, Juristen und Wirtschaftswissenschaftler waren die erfolgversprechendsten Potenziale. Berater und Kunde sprechen also dieselbe Sprache und begegnen sich auf Augenhöhe.

---

[4] Zum Unternehmensprofil von MLP heute vgl. https://mlp-se.de/unternehmensprofil/.

Dabei war die Kapital-Lebensversicherung zu der Zeit (90iger-Jahre) das Brot- und Butterprodukt. MLP war einerseits gut darin, zusammen mit Versicherungsgesellschaften und Kapitalanlagegesellschaften neue, innovative Produkte zu entwickeln. Andererseits sehr erfolgreich damit, jungen Berufsstartern nicht nur eine, sondern gleich zwei oder drei Lebensversicherungen zum Berufsstart zu verkaufen:

- Eine Kapital-LV mit BUZ zur Absicherung der Arbeitskraft.
- Eine weitere Kapital-LV als Investitionssparprogramm zur Finanzierung einer Immobilie oder Existenzgründung.
- Eine fondsgebundene Lebensversicherung als zusätzlichen Renditebaustein.

Es war die Zeit, in der sich die Verkaufstalente unter den Beratern und vor allem die Führungskräfte eine goldene Nase verdienten. Ich war kein Bauchverkäufer, sondern verkaufte über den Kopf, was sehr anstrengend und zeitaufwändig war. Zudem herrscht im Vertrieb immer ein gewisser Druck und der war mir auf Dauer zu hoch. Lief der Umsatz gut, wurde man gelobt oder zum Essen eingeladen, hing man mit dem Umsatz durch, wurde nachgefragt, woran es liegt und „Hilfe" angeboten. Hing man umsatzmäßig länger durch, wurden die Angebote zur „Hilfe" eindringlicher.

Nach einigen Jahren – ich war mittlerweile aus dem Vorschuss und hatte im dritten vollen Jahr einen Umsatz von rund 140.000 DM gemacht – kündigte ich, weil ich mittlerweile genau wusste, dass *MLP* keine Lebensperspektive für mich war.

Kurz nachdem ich *MLP* verlassen hatte, wurde ich sehr krank. Zwar hatte ich noch einige gut bezahlte Akademikerjobs in der Finanzbranche, doch diese waren in allen Fällen von kurzer Dauer. Ich litt an einer psychischen Erkrankung mit depressiven und manischen Episoden, einer bipolaren Störung. Diese führte dazu, dass ich die Folgejobs nach meiner Zeit bei MLP nach wenigen Monaten wieder verlor. Eine längere Krankheitsphase mit Aufenthalten in verschiedenen psychiatrischen Kliniken schloss sich daran an. Damit waren meine Karriere in der freien Wirtschaft und der Traum vom vielen Geld erst einmal beendet.

In der sich anschließenden Reha verspürte ich den immer stärker werdenden Drang zu schreiben. Jeden Morgen, bevor ich in die Tagesklinik ging, setzte ich mich an meinen PC und schrieb die Geschichte meiner sterbenden Lebensgefährtin und einer kleinen schwarzen Katze namens Baghira auf, die mir zum einen half, darüber hinwegzukommen, und mir zum anderen viel Freude bereitete (Nawatzki 2012). Baghira war eine besonders sensible Katze, die sehr an mir hing und abends, wenn ich von der Arbeit an der Uni kam, zuhause auf mich wartete, obwohl sie durch eine Katzenklappe in der Terrassentür freien Auslauf hatte. Auch hatte der kleine Kater mich ausgesucht und ich nicht ihn.

Meine Promotion war ein großer Kraftakt gewesen, denn während meiner Tätigkeit als wissenschaftlicher Mitarbeiter am *Lehrstuhl für Organisation und EDV* erkrankte meine Lebensgefährtin an Krebs – einem Sarkom, was damals als unheilbar galt – und verstarb Anfang 1991; meine Dissertation zwei Jahre später trotzdem beendet zu haben, darauf bin ich noch heute sehr stolz.

Schließlich sind meine prägenden Charaktereigenschaften eine gute Selbstdisziplin und Durchhaltevermögen, gepaart mit einem gewissen Biss. Eine gesunde Intelligenz kommt in aller Bescheidenheit noch hinzu. Und was ich einmal angefangen habe, das bringe ich auch zu Ende.

Da ich ein ausgesprochener Morgenmensch bin, fällt es mir leicht, früh aufzustehen und morgens verfüge ich über jede Menge Energie, die etwa bis Mittag anhält. Schon seit Längerem mache ich nach dem Mittagessen stets ein kurzes Nickerchen und habe dann am Nachmittag nochmals eine produktive Phase von einigen Stunden.

Nach meiner Zeit bei *MLP*, den darauffolgenden Jobs und der sich anschließenden Krankheit hatte ich eine zweijährige Erholungsphase, in der ich unter anderem einen autobiografischen Roman (Nawatzki 2010) schrieb, was ich als sehr heilsam für meine Seele erlebte. Zwar hatte mir auch diesmal das Schreiben sehr viel Freude bereitet, doch war die Erkenntnis, dass das mein zukünftiger beruflicher Lebensinhalt sein könnte, noch nicht bis in mein Bewusstsein durchgedrungen.

Außerdem schrieb ich mich an der *Schule des Schreibens* in Hamburg ein, um noch besser schreiben zu lernen.

Die *Schule des Schreibens* in Hamburg ist eine renommierte Schreibschule, die sich auf die Ausbildung von Autoren und Schriftstellern spezialisiert hat. Sie wurde 1989 gegründet und bietet seitdem

* Kurse,
* Workshops und
* Lehrgänge

in verschiedenen Bereichen des Schreibens an.

Die Schule hat eine breite Palette von Kursen im Angebot, die sowohl für Anfänger als auch für fortgeschrittene Schreiber infrage kommen. Zu den angebotenen Kursen gehören unter anderem Romane schreiben, Kreatives Schreiben, Sachbuch schreiben, Drehbuch schreiben, Lyrik, Kinder- und Jugendbuch schreiben sowie Schreiben für das Internet. Die Kurse werden von erfahrenen Autoren und Dozenten geleitet, die den Teilnehmern helfen, ihre schriftstellerischen Fähigkeiten zu entwickeln und ihr Potenzial auszuschöpfen.

Die Schule des Schreibens legt großen Wert auf praxisorientiertes Lernen und bietet den Teilnehmern die Möglichkeit, eigene Texte zu verfassen, zu überarbeiten und zu besprechen. Neben den Kursen gibt es auch regelmäßige Schreibwerkstätten und Lesungen, bei denen die Teilnehmer ihre Werke präsentieren können.

Die Schule des Schreibens in Hamburg hat sich im Laufe der Jahre einen ausgezeichneten Ruf erworben und ist bekannt für ihre qualitativ hochwertige Ausbildung und ihren persönlichen, individuellen Ansatz. Viele Absolventen der Schule haben erfolgreich ihre schriftstellerische Karriere begonnen und sind in verschiedenen Bereichen des Schreibens tätig.

Wenn du dich für das Schreiben interessierst, kann die *Schule des Schreibens* eine gute Möglichkeit sein, deine schriftstellerischen Fähigkeiten weiterzuentwickeln und von professionellem Feedback und Anleitung zu profitieren.

Doch schloss ich den Fernlehrgang in Belletristik an der *Schule des Schreibens* nicht ab, da ich mich mit einem Lektor wegen eines meiner Texte überworfen hatte. Dabei hatte ich einen Kurzkrimi verfasst, in dem ein Einbrecher eine Frau überfällt und vergewaltigt. Er äußerte jedoch eher persönliche als sachliche Kritik an meiner Darstellung, mit der ich wenig anfangen konnte. Jedenfalls beschloss ich daraufhin, den Lehrgang abzubrechen, da ich diesen Lektor als unprofessionell empfand.

Nachdem das Jobcenter – ich lebte damals von Hartz 4 – mich längere Zeit in Ruhe gelassen hatte, flatterte mir ein Brief ins Haus, in dem ich zu einer beruflichen Wiedereingliederungsmaßnahme eingeladen wurde.

Die Maßnahme ging über sechs Monate und wir hatten folgende Fächer:

- Bewerbungs- und Kommunikationstraining,
- Wirtschaftslehre,
- EDV und
- Selbstmanagement.

In EDV hatten wir Unterricht in Textverarbeitung mit Word, Tabellenkalkulation mit Excel und wir lernten das Präsentationsprogramm PowerPoint näher kennen. Sträubte ich mich anfangs gegen diese Maßnahme, musste ich mir insgeheim eingestehen, täglich etwas Neues dazuzulernen, vor allem in EDV. Obwohl ich bereits seit 20 Jahren mit *Word* arbeitete, lernte ich das Programm wesentlich besser kennen als zuvor. Zum Beispiel lernte ich die Serienbrieffunktion anzuwenden. Später erstellte ich einen Bewerbungsflyer, mit dem ich mich erfolgreich bewarb. Dass ich *Microsoft Word* heute gut beherrsche, verdanke ich vor allem dieser Maßnahme und der Tatsache, dass ich mittlerweile mehrere Bücher mit MS *Word* geschrieben habe.

Der Unterricht ging bis nachmittags um drei Uhr. Zu der Maßnahme gehörte ein sechswöchiges Praktikum. Dies wollte ich gern bei einer Zeitung in Form eines Kurzvolontariats absolvieren, doch ich erhielt nur Absagen. Die wenigen Praktikumsplätze der beiden hier ansässigen regionalen Tageszeitungen waren den Studierenden des Studiengangs Medienwissenschaften an der Universität Bielefeld vorbehalten.

Nach zwei Wochen hatte sich meine anfängliche Skepsis und Ablehnung gegenüber dieser Maßnahme gelegt. Auch war der Unterricht in Wirtschaft recht interessant. Viele Inhalte kannte ich bereits und es war eine Wiederholung für mich, aber ich lernte auch einige sehr praxisbezogene Dinge über Kündigungsfristen in Abhängigkeit von der Betriebszugehörigkeit und über Mitbestimmung im Unternehmen, worüber ich zuvor noch nie etwas gehört hatte.

Besonderes Interesse hatte ich am Bewerbungstraining. Der Gedanke, dieses selbst einmal als Dozent abzuhalten, keimte langsam in mir auf.

Gern hatte ich auch Unterricht bei der Seminarleiterin. Sie war für die Organisation und den Ablauf der Maßnahme zuständig. Sie unterrichtete das Fach Selbstmanagement, wo es darum ging, was alles zu einem erfolgreichen und glücklichen Berufsleben gehört. Ich fand das Thema sehr interessant und erfuhr das eine oder andere Mosaiksteinchen an Selbsterkenntnis.

Durch die Seminarleiterin erfuhr ich viel Unterstützung. Sie nahm mich ernst und half mir, wo sie konnte. Zum Beispiel besorgte sie mir ein Praktikum.

Nach vier Wochen täglichem Unterricht in der Maßnahme und nachdem ich verschiedene Dozenten und deren Unterrichtsstil kennengelernt hatte, war ich überzeugt, dass ich diesen Job auch ausüben könnte. Schließlich hatte ich früher an der Universität nicht nur Seminare gegeben, sondern auch Vorlesungen gehalten und hatte einige Lehrerfahrung. Und der Unterricht bei dem Bildungsträger war inhaltlich weniger anspruchsvoll, aber aufgrund der Heterogenität der Teilnehmer eine pädagogische Herausforderung. Jedenfalls war ich der Meinung, dass ich das, was die Dozenten dieser Maßnahme leisteten, ebenfalls leisten könnte.

Also bewarb ich mich offiziell bei dem Bildungsträger als Dozent und Trainer für Bewerbung und Kommunikation. Die Seminarleiterin hatte mir dazu geraten, mich etwas breiter aufzustellen, wenn ich mittelfristig davon leben wollte. Sie sprach mit dem Schulungsleiter für den Bereich Deutsch als Fremdsprache, wo ausländische Studenten Deutsch lernten und auf die Zulassungsprüfung für Deutsch vorbereitet wurden, die sie vor der Aufnahme ihres Studiums an der Universität Paderborn absolvieren mussten. Hier machte ich mein Praktikum und vermittelte den Fortgeschrittenen Grundkenntnisse im wissenschaftlichen Arbeiten.

Der Schulungsleiter, der selbst auch in dieser Gruppe unterrichtete, holte von dort Feedback ein und war mit meinen Leistungen rundum zufrieden. Einer weiteren Tätigkeit als Dozent stand nun nichts mehr im Wege.

Gegen Ende der Maßnahme erhielt ich das Angebot, nach Ende der Bildungsmaßnahme Bewerbungscoachings in Kleingruppen zu übernehmen.

Zusätzlich bewarb ich mich bei diversen Volkshochschulen und gab Seminare zum Thema Bewerbung und Berufsfindung an den Volkshochschulen in Paderborn, Detmold, Bielefeld und Dortmund.

Ich „kann Dozent" – schließlich hatte ich an der Uni diverse Proseminare und sogar zwei Semester lang eine Vorlesung über Informations- und Kommunikationssysteme gehalten –, doch war es nicht das, was ich in meinem tiefsten Inneren wirklich wollte.

Es war wieder nur ein Job, den ich des Geldes wegen machte. Und der anstrengend war, weil ich manchmal acht Stunden hintereinander unterrichtete und vollkommen erledigt war, wenn ich danach nach Hause kam und erst einmal schlafen musste. Darüber hinaus wurde er schlecht bezahlt. Ich war freiberuflich tätig und das Honorar reichte nicht aus, um etwas für die private Altersvorsorge zurückzulegen.

Zunächst machte ich ausschließlich Bewerbungstrainings, was ich gut konnte, da ich mich früher intensiv in das Thema eingearbeitet hatte. Schließlich hatte ich auch bei der *MLP Finanzdienstleistungen AG* sogenannte Berufsstarterseminare geleitet, wo das Thema Bewerbung einen von mehreren Schwerpunkten bildete. Später kamen Kommunikationstraining, Zeitmanagement und weitere Themen hinzu.

Aus den Bewerbungscoachings heraus entstand die Idee, die Dienstleistung Karriereberatung anzubieten. Die Teilnehmer stellten mir immer wieder Fragen, die erkennen ließen, dass hier ein Bedarf vorhanden war. Zum Beispiel Fragen, wann es Zeit für den nächsten Karriereschritt wäre oder wie man eine Gehaltserhöhung durchsetzt. Oder: „Ich möchte mich verändern und frage mich, ob ein Branchenwechsel Sinn machen würde?"

Bei diesem Bildungsträger arbeitete ich mehrere Jahre und es kamen im Zeitablauf weitere Fächer hinzu, bis ich den Auftrag annahm, BWL im Rahmen einer kaufmännischen Umschulung zu unterrichten. Die Inhalte, die ich vermitteln sollte, sagten mir nicht zu und ich hatte Probleme mit der Gruppe, da ich mich auf einen Konflikt mit einer ihrer Meinungsführerinnen eingelassen hatte. Das entpuppte sich im Nachhinein als Fehler.

In dieser Klasse saßen rund 25 Teilnehmerinnen und Teilnehmer, von denen sich immer wieder einige während des Unterrichts unterhielten. Wer einmal unterrichtet hat, weiß, wie störend dies für den Dozenten sein kann. Hinzu kam, dass ich in den Inhalten bezüglich des Themas Recht eher unsicher war – schließlich war ich kein Jurist. Jedenfalls ermahnte ich die Gruppe mehrmals, die Unterhaltungen während des Unterrichts einzustellen, doch hatte ich damit wenig Erfolg. Irgendwann war ich von dem ständigen Geräuschpegel in der Klasse so genervt, dass ich laut wurde, was bei dieser Gruppe gar nicht gut ankam. Auf jeden Fall bezogen einige Teilnehmer und Teilnehmerinnen ab da Position gegen mich und gaben mir Contra, so oft es ging. Das war kein schönes Unterrichten mehr.

Bei der nächsten Dozentenbeurteilung schnitt ich sehr schlecht ab, hatte daraufhin ein Gespräch mit dem Leiter des Bildungsträgers und wurde aus der Maßnahme abgezogen. Es folgten noch zwei, drei Aufträge für Bewerbungstrainings, doch meine Existenzgrundlage hatte sich weitestgehend erledigt.

Was für mich hieß, wieder einmal zu überlegen, womit ich demnächst mein Geld verdienen würde.

Zwar hatte ich mich immer wieder für eine Tätigkeit als Angestellter beworben, doch nach Jahren der Selbstständigkeit wollte der Schritt zurück in ein „sicheres" Angestelltenverhältnis nicht gelingen. Ich hatte eben keinen überzeugenden und lückenlosen Lebenslauf, der den Anforderungen eines attraktiven Arbeitgebers entsprochen hätte.

Stattdessen beschäftigte ich mich mit dem Thema *Geld verdienen im Internet*. Es gibt verschiedene Möglichkeiten, um Geld im Internet zu verdienen. Hier sind zehn ausgewählte Beispiele:

1. E-Commerce: Du kannst einen eigenen Online-Shop eröffnen und Produkte oder Dienstleistungen verkaufen.
2. Affiliate-Marketing: Durch die Vermittlung von Produkten oder Dienstleistungen anderer Unternehmen kannst du Provisionen verdienen.
3. Werbung: Du kannst Werbeanzeigen auf deiner Website oder in deinem Blog platzieren und Geld verdienen, wenn Besucher darauf klicken oder bestimmte Aktionen durchführen.

4. Online-Umfragen: Teilnahme an Umfragen oder Marktforschungsstudien und eine Vergütung für deine Meinung erhalten.
5. Freiberufliche Tätigkeiten: Biete deine Fähigkeiten als freiberuflicher Schriftsteller, Designer, Entwickler oder in anderen Bereichen an.
6. Content-Erstellung: Erstelle und verkaufe digitale Inhalte wie E-Books, Online-Kurse, Musik, Videos oder Fotografien.
7. Social Media: Nutze Plattformen wie YouTube, Instagram oder TikTok, um Inhalte zu erstellen und durch Werbung, Sponsoring oder Produktplatzierung Geld zu verdienen.
8. Dropshipping: Verkaufe Produkte, ohne physische Lagerbestände zu halten, indem du direkt mit Lieferanten zusammenarbeitest, die den Versand übernehmen.
9. Online-Coaching oder Beratung: Biete dein Fachwissen in einem bestimmten Bereich an und unterstütze Menschen online.

Es gibt noch weitere Möglichkeiten, um im Internet Geld zu verdienen. Diese Liste dient lediglich als Ausgangspunkt, um dir einige Optionen aufzuzeigen.

Zusätzlich ist der Verkauf gebrauchter Bücher über Amazon eine beliebte Möglichkeit, um im Internet Geld zu verdienen. Amazon bietet ein spezielles Programm namens „Amazon Marketplace" an, dass Einzelpersonen ermöglicht, ihre gebrauchten Bücher zu verkaufen.

Der Verkauf gebrauchter Bücher über Amazon kann eine lukrative Möglichkeit sein, um Geld zu verdienen, da Amazon eine große Kundendatenbank und eine etablierte Infrastruktur für den E-Commerce bietet.

Kurz darauf begann ich mit dem Handel gebrauchter Bücher über Amazon. Bücher hatte ich viele und der Platz wurde langsam knapp.

Parallel dazu befasste ich mich weiter mit dem Thema Berufung und las nach und nach alles, was es dazu in deutscher Sprache gab. Ich absolvierte auch viele Übungen, psychologische Tests und beantwortete eine Unmenge an Fragen zum Thema, aber so richtig überzeugend fand ich keines der am Markt angebotenen Konzepte zum Erkennen und Umsetzen der eigenen Berufung in seinen Traumjob.

Doch dabei entstand irgendwann die Idee, selbst einen Ratgeber zu diesem Thema zu verfassen, der dem Leser konkrete Übungen und Methoden an die Hand gibt, um letztlich die drei zentralen Fragen

1. Wer bin ich? Erkenne dich selbst.
2. Was kann ich? Bestandsaufnahme deiner Kenntnisse, Fähigkeiten und Fertigkeiten.
3. Was will ich? Entwicklung deines Berufungsprofils: Auswertung und Verdichtung deiner wahren Berufung zum Traumjob

für sich zu beantworten.[5]

Das Buch zu schreiben, war eine großartige Erfahrung für mich. Ich hatte die Literatur zum Thema umfangreich gesichtet und mein Konzept in zahlreichen Workshops an Volkshochschulen und verschiedenen Bildungsträgern ausprobiert, weiterentwickelt und verfeinert.

Wenn ich schrieb, war ich oft völlig in meiner Arbeit versunken und auf diese konzentriert. Dann bekam ich nicht viel um mich herum mit.

Spätestens da wurde ich mir darüber bewusst, dass Schreiben mein größtes Talent ist und das, was ich am liebsten mache. Es ist meine Berufung und diese wollte ich leben.

Literatur

Lautenschläger M, Török I (1996) Mythos MLP: Erfolgsgeschichte eines Finanzdienstleisters. Campus, Frankfurt/New York

Nawatzki J (2010) Egal, was passiert, das Leben geht weiter – Entwicklungsroman. unveröffentlichtes Manuskript, Paderborn

Nawatzki J (2012) Baghira kam und Esther ging – Erzählung einer außergewöhnlichen Freundschaft. epubli GmbH, Berlin

Süssmuth R (2020) Überlasst die Welt nicht den Wahnsinnigen – Ein Brief an die Enkel. bene! Verlag, München

---

[5] Ähnlich argumentiert Süssmuth 2020, S. 35: Sie fragt, was uns als Menschen groß macht und gibt gleichzeitig die Antwort: Wenn wir unsere Chance zur Entwicklung immer wieder neu ergreifen.

2

Schreiben – mein Talent und meine Leidenschaft

Es hat also ziemlich lange gedauert, bis die Tatsache, dass Schreiben das ist, was ich am liebsten mache und am besten kann, klar und deutlich in mein Bewusstsein vorgedrungen ist.

Ich bin kein Verkäufer und auch kein Manager und erst recht kein Beamter, wie mein Vater und Großvater es waren, sondern ein Autor und Schriftsteller.

Es dauerte eine Weile, bis ich mir eingestand, dass ich mich von meinem früheren Vorsatz, viel Geld verdienen zu wollen, verabschieden musste, wenn ich meiner Leidenschaft folgen wollte.

Sicher kann man auch einmal einen Treffer landen und einen Bestseller schreiben, aber realistischerweise sollte man davon nicht ausgehen. Allein schon, weil es dafür kein Patentrezept gibt. Zahlreiche Schriftsteller, die heute einen Namen haben, haben zum Teil mehrere Bücher geschrieben, die mehr oder weniger gefloppt sind, bevor ihnen der Durchbruch gelang. Zum Beispiel *Daniel Kehlmann*, der mit *Ich und Kaminski* (Kehlmann 2004) erst mit seinem fünften Buch einen internationalen Erfolg feierte, nachdem er vorher auch einige eher erfolglose Romane verfasst hatte. Die *Vermessung der Welt* (Kehlmann 2005) wurde dann allerdings zu einem absoluten Bestseller, der sich allein im deutschsprachigen Raum etwa 2,3 Mio. Mal verkaufte. Doch noch viel mehr Schriftstellern ist es noch nie gelungen, einen Bestseller zu verfassen.

Stattdessen strebte ich danach, mit dem Schreiben lediglich meinen Lebensunterhalt zu verdienen, ohne dabei zusätzlich einem Brotberuf nachgehen zu müssen. Dabei war ich bereit, Abstriche in materieller Hinsicht in Kauf zu nehmen, um meiner Berufung folgen zu können.

Schon seit meiner Kindheit fühlte ich mich zu Büchern hingezogen und empfand das geschriebene Wort als faszinierend. Bücher ermöglichten die Flucht in andere Welten und durch Schreiben entdeckte eine Möglichkeit, meine Gedanken klar auszudrücken und meine Ideen zu strukturieren. Schreiben wurde für mich zu einer Art Sprache, die mich besser verstehen ließ und half, mich selbst und die Welt um mich herum besser zu begreifen.

Dabei konnte ich besonders viel unter anderem mit den Büchern von *Hermann Hesse* und *Max Frisch* anfangen. Eines der prägnantesten Themen in *Hesses* Werken ist die Selbstfindung und persönliche Erfüllung. Seine Protagonisten durchlaufen oft innere Reisen und spirituelle Entwicklungen, um sich selbst besser zu verstehen und ihren Platz in der Welt zu finden.[1] Ein zentrales Thema in *Frischs* Werk ist unter anderen die Auseinandersetzung mit der eigenen Identität. Seine Protagonisten sind oft auf der Suche nach ihrer eigenen Rolle in der Welt und hinterfragen ihre Identitäten, Werte und Entscheidungen.[2]

Es geht bei beiden oft um die Themen Selbstreflexion, Selbstfindung und Selbstverwirklichung. Da diese Themen gerade in meiner Jugend auch für mich zentral waren, fühlte ich mich zu diesen beiden Schriftstellern besonders hingezogen. Ich habe sie in gewisser Weise als Seelenverwandte betrachtet, in denen ich mich wiedergefunden habe. Zudem stammt die schönste Definition des Begriffs Krise von Max Frisch (1911–1991): „Eine Krise ist ein produktiver Zustand. Man muss ihr nur den Beigeschmack der Katastrophe nehmen."[3]

Ich schreibe, weil ich das Gefühl habe, schreiben zu müssen. Da ist etwas in mir, was gesagt werden muss, was einfach raus will. Zora Neale

---

[1] Beispiele sind u. a. Hesse 1904 und Hesse 1906.
[2] Vgl. u. a. Frisch 1954, Frisch 1957 und Frisch 1964.
[3] Miersch 2008.

2 Schreiben – mein Talent und meine Leidenschaft 15

Hurston hat einmal gesagt, dass es kaum etwas gibt, was eine größere Qual ist, als eine nicht erzählte Geschichte in sich zu tragen (Hurston 2020, S. 204 f.). Schreiben kann eine Reise der Selbstentdeckung sein, die uns erlaubt, uns selbst besser zu verstehen und uns mit anderen auf einer tiefen Ebene zu verbinden.

Das Schreiben bietet uns darüber hinaus eine einzigartige Möglichkeit, uns selbst auszudrücken und unsere innersten Gedanken und Emotionen freizulassen.

Indem wir unsere Geschichten erzählen, ermöglichen wir anderen Menschen, einen Blick in unsere Welt zu werfen und sich mit uns zu verbinden. Es schafft eine Verbindung, die über Raum und Zeit hinausgeht und die menschliche Erfahrung vereint.

Aber das Schreiben ist nicht nur für uns selbst heilsam, sondern es kann auch eine inspirierende Wirkung auf andere haben. So unterstützt mein Ratgeber *Mit Selbstcoaching zum Traumjob* (Nawatzki 2013) andere Menschen dabei, ihre wahre Berufung zu finden und in ihren Traumjob umzusetzen. Dieser wiederum hilft ihnen, ein glückliches Leben zu führen. Zumindest glücklicher als mit einem Job, der lediglich zur Finanzierung des Lebensunterhaltes dient. Wir alle haben einzigartige Perspektiven und Erfahrungen, die es wert sind, geteilt zu werden.

Neben diversen Büchern habe ich auch ein Repertoire an autobiografischen Kurzgeschichten verfasst. Das sind Geschichten, die wahrscheinlich niemand anders lesen will, die mir aber sehr geholfen haben, bestimmte Erlebnisse zu verarbeiten, so wie mein unveröffentlichter autobiografischer Roman *Egal, was passiert, das Leben geht weiter* (Nawatzki 2010), in dem ich die Traumata meines Lebens verarbeitet habe und den zu schreiben sehr heilsam für meine Seele war. Schreiben kann eine Art therapeutischer Ausdruck sein, der uns hilft, mit unseren eigenen Erfahrungen und Herausforderungen besser umgehen zu können.

Die Veröffentlichung meines Ratgebers *Mit Selbstcoaching zum Traumjob* (Nawatzki 2013) markierte einen entscheidenden Wendepunkt in meiner schriftstellerischen Karriere. Es war nicht nur ein Buch, sondern eine Botschaft, die ich in die Welt tragen wollte – eine Botschaft der Hoffnung und Motivation für all diejenigen, die ihre wahre Berufung suchen. Mein Ziel war es, anderen Menschen zu helfen, ihren eigenen Weg zu finden und ihre Träume zu verwirklichen. Wusste ich doch aus eigener

Erfahrung, dass ein Job, hinter dem du nicht wirklich stehst, dich im schlimmsten Fall sogar krank machen kann.

Der Prozess des Schreibens dieses Ratgebers war einerseits mit tiefer Befriedigung verbunden, andererseits erforderte er auch einiges an Selbstdisziplin und Durchhaltevermögen. Es gab Momente der Selbstzweifel, in denen ich mich fragte, ob meine Worte wirklich einen Unterschied machen würden. Doch ich ließ mich nicht entmutigen.

Die Selbstcoaching-Methode, die ich in meinem Ratgeber präsentierte, basiert auf dem Prinzip „Versuch und Irrtum". Ich ermutige meine Leserinnen und Leser, mutig neue Wege zu beschreiten und aus Fehlern zu lernen, um sich weiterzuentwickeln.

Schreiben bedeutet nicht nur Talent, sondern auch Disziplin und Ausdauer. Es gibt Tage, an denen die Worte nicht leicht fließen wollen, an denen ich mit einem leeren Bildschirm kämpfe, doch ich habe gelernt, dass auch diese Phasen zum kreativen Prozess gehören und es wichtig ist, nicht aufzugeben. Zum Glück kommen solche Phasen bei mir eher selten vor. Von einer längeren Schreibblockade bin ich noch nie heimgesucht worden.

2.1 Schreibblockaden

Schreibblockaden sind ein häufiges Phänomen, das viele Schriftsteller irgendwann in ihrer Karriere erleben. Es handelt sich dabei um eine kreative Blockade, die es dem Autor schwer oder unmöglich macht, neue Ideen zu entwickeln oder seine Gedanken in Worte zu fassen. Diese Blockaden können von kurzfristigen Herausforderungen bis hin zu langwierigen und frustrierenden Episoden reichen. Hier sind einige wichtige Aspekte zu Schreibblockaden:

1. Ursachen: Schreibblockaden können aus verschiedenen Gründen auftreten. Oftmals sind Stress, Angst, persönliche Probleme, Perfektionismus oder ein Mangel an Inspiration die Auslöser. Auch der Druck, den eigenen Erfolg oder Misserfolg mit früheren Werken vergleichen zu müssen, kann zu einer Blockade führen.

2. Perfektionismus: Ein häufiger Grund für Schreibblockaden ist der Drang, von Anfang an perfekt zu schreiben. Die Angst vor schlechter Qualität oder Kritik kann dazu führen, dass der Autor sich selbst zensiert und es schwierig findet, den Fluss der Kreativität aufrechtzuerhalten.
3. Mangelnde Inspiration: Manchmal fehlen Schriftstellern einfach die Ideen oder der Funke, um eine Geschichte voranzutreiben. Dies kann entweder vorübergehend oder anhaltend sein.
4. Überarbeitung: Ein Autor, der sich zu sehr auf die Überarbeitung und Perfektionierung seiner bisherigen Arbeit konzentriert, kann den Fortschritt an neuen Kapiteln oder Projekten blockieren.
5. Selbstzweifel: Selbstzweifel an den eigenen Fähigkeiten oder die Vorstellung, dass die Arbeit nicht gut genug sein wird, kann die Schreibblockade verstärken.
6. Lösungen: Es gibt verschiedene Möglichkeiten, um Schreibblockaden zu überwinden. Einige Autoren setzen sich dennoch täglich an den Schreibtisch und schreiben, auch wenn es zunächst schwierig ist. Andere nehmen sich eine Pause und suchen nach Inspiration in der Natur, Büchern, Filmen oder anderen kreativen Quellen.
7. Schreibrituale: Einige Schriftsteller haben Schreibrituale, um in den Schreibfluss zu gelangen. Dies kann eine Tasse Tee vor dem Schreiben sein, ein spezieller Arbeitsplatz oder bestimmte Musik.
8. Freewriting: Beim Freewriting schreibt man ohne Ziel oder Struktur einfach alles auf, was einem in den Sinn kommt. Dies kann helfen, den kreativen Fluss wieder in Gang zu bringen.
9. Ablenkungen reduzieren: Schreibblockaden können auch durch Ablenkungen wie das Internet oder soziale Medien verschlimmert werden. Durch das Schaffen einer schreibfreundlichen Umgebung kann man sich besser konzentrieren.
10. Schreibgruppen oder Unterstützung suchen: Manchmal kann der Austausch mit anderen Schriftstellern oder das Einholen von Feedback helfen, die Blockade zu überwinden.

Schreibblockaden sind normal und gehören zum Schreibprozess dazu. Es ist wichtig, sich nicht zu sehr zu stressen oder zu frustrieren, sondern sich bewusst zu machen, dass es vorübergehen wird und neue Ideen und

Inspiration wiederkehren werden. Jeder Autor entwickelt im Laufe der Zeit seine eigenen Bewältigungsstrategien, um mit Schreibblockaden umzugehen.

Viele Schriftsteller werden als Einzelkämpfer betrachtet, da das Schreiben an sich eine einsame Tätigkeit ist, die Konzentration und Rückzug erfordert. Es gibt verschiedene Gründe, warum Schriftsteller oft als Einzelkämpfer betrachtet werden:

1. Kreative Prozesse: Das Schreiben erfordert oft einen ruhigen Raum, in dem sich der Schriftsteller auf seine Gedanken und Ideen konzentrieren kann. In diesem kreativen Prozess arbeitet der Schriftsteller oft allein, um seine Vorstellungen und Geschichten zu entwickeln.
2. Unabhängigkeit: Schriftsteller haben oft die Freiheit, ihre eigenen Ideen und Visionen zu verfolgen, ohne die Einschränkungen einer Gruppenarbeit oder einer Hierarchie.
3. Selbstständige Arbeitsweise: Schriftsteller können oft ihren eigenen Zeitplan und ihre eigenen Arbeitsmethoden wählen. Dies ermöglicht ihnen, in ihrer eigenen Geschwindigkeit und zu ihren eigenen Bedingungen zu arbeiten.
4. Innere Reflexion und Selbstfindung: Das Schreiben ist auch ein Mittel für viele Schriftsteller, um sich selbst besser zu verstehen und ihre eigenen Gedanken und Gefühle zu erforschen. Es kann ein Weg sein, innere Reflexion und Selbstfindung zu fördern.

Obwohl das Schreiben ein einsamer Prozess sein kann, bedeutet dies nicht, dass Schriftsteller völlig isoliert sind. Viele Autoren suchen Feedback und Austausch mit anderen Schriftstellern, Lesern oder Literaturkreisen, um ihre Arbeit zu verbessern oder neue Inspirationen zu gewinnen. Außerdem kann das Schreiben eines Buches oder Romans auch das Produkt jahrelanger Forschung und Erfahrung sein, die wiederum den Austausch mit anderen Menschen und verschiedenen Quellen erforderlich gemacht haben.

Letztendlich hängt es von jedem individuellen Schriftsteller ab, wie viel oder wie wenig er mit anderen zusammenarbeitet. Einige mögen die Einsamkeit und Unabhängigkeit bevorzugen, während andere den Austausch und die Zusammenarbeit mit anderen Schriftstellern suchen. Es gibt kein „richtiges" oder „falsches" Modell, sondern es ist eine Frage der persönlichen Präferenz und des individuellen Arbeitsstils.

Ich bin dankbar, meine Leidenschaft zum Beruf gemacht zu haben und Menschen mit meinen Worten zu berühren. Das Schreiben ist nicht nur eine Tätigkeit, sondern eine Lebensweise, die mich jeden Tag aufs Neue erfüllt und begeistert.

2.2 Ansprechen von Agenturen und Verlagen

Das Schreiben meines Ratgebers hatte mir insgesamt so viel Freude gemacht wie selten eine Tätigkeit zuvor. Es war eine intensive und glückliche Zeit, wie ich sie bisher immer nur erlebt habe, wenn ich an einem Buchmanuskript schrieb.

Das Manuskript des Ratgebers verfasste ich in gut sechs Monaten und dann begann ich mit der Überarbeitung und Optimierung der Rohfassung und der Suche nach einem Verlag.

Wobei die Veröffentlichung eines Buches ein anspruchsvoller Prozess ist und es zahlreiche Schwierigkeiten und Probleme gibt, denen angehende Schriftsteller und Autoren bei der Suche nach einem Verlag begegnen können. Rund zweieinhalb Millionen Buchtitel sind in Deutschland erhältlich und es kommen jedes Jahr etwa 70.000 Neuerscheinungen hinzu.

Hier sind einige der Herausforderungen, die mit den beiden gängigen Wegen, nämlich dem direkten Ansprechen von Verlagen und dem Weg über eine Literaturagentur, verbunden sind:

1. Direktes Ansprechen von Verlagen:
    a. Ablehnung: Verlage erhalten täglich eine Vielzahl von Manuskripten und Anfragen von Autoren. Die Konkurrenz ist hoch und die meisten Verlage können nur eine begrenzte Anzahl von Büchern pro Jahr veröffentlichen. Es ist üblich, dass viele Anfragen abgelehnt werden, auch wenn das Buch qualitativ hochwertig ist.
    b. Zeit und Mühe: Die Suche nach passenden Verlagen, das Zusammenstellen und Versenden von Exposés und Leseproben er-

fordert viel Zeit und Anstrengung. Es kann frustrierend sein, viele Absagen zu erhalten oder teilweise lange Wartezeiten auf eine Rückmeldung hinnehmen zu müssen.
   c. Passender Verlag: Nicht jeder Verlag ist für jedes Buch geeignet. Einige Verlage haben bestimmte Schwerpunkte oder Genres, die sie bevorzugen, und es ist wichtig, den richtigen Verlag zu finden, der zum eigenen Werk passt.
2. Literaturagentur:
   a. Repräsentation durch eine Agentur: Literaturagenturen können Autoren dabei helfen, geeignete Verlage zu finden und ihre Interessen zu vertreten. Allerdings ist es nicht immer einfach, eine Agentur zu finden, die bereit ist, einen unbekannten oder unveröffentlichten Autor zu vertreten.
   b. Kommissionsgebühren: Literaturagenturen arbeiten oft auf Provisionsbasis und erhalten einen Prozentsatz der Einnahmen des Autors aus dem Buchverkauf. Dies kann für einen angehenden Autor finanziell belastend sein.
   c. Auswahlkriterien: Agenturen sind selektiv bei der Auswahl der Autoren, die sie vertreten möchten. Sie suchen nach vielversprechenden Talenten und Büchern mit hohem kommerziellem Potenzial, was es schwierig machen kann, von einer Agentur angenommen zu werden.
   d. Verträge: Die Bedingungen der Verträge mit Literaturagenturen variieren. Es ist wichtig, die Verträge sorgfältig zu prüfen, um sicherzustellen, dass die Interessen des Autors geschützt sind.

Unabhängig vom gewählten Weg ist eine gut durchdachte Herangehensweise wichtig. Hier sind einige Tipps, die helfen können:

- Gründliche Recherche: Finde Verlage oder Agenturen, die zu deinem Genre und Stil passen und recherchiere, welche Autoren sie bereits vertreten oder welche Bücher sie veröffentlicht haben.
- Professionelle Vorbereitung: Stelle sicher, dass dein Manuskript professionell formatiert und fehlerfrei ist. Ein aussagekräftiges Exposé und eine ansprechende Leseprobe können ebenfalls hilfreich sein.

- Geduld und Durchhaltevermögen: Es ist normalerweise ein langwieriger Prozess, einen Verlag oder eine Agentur zu finden. Sei geduldig und gib nicht auf.
- Alternativen in Betracht ziehen: Selbstveröffentlichung über Plattformen wie Amazon Kindle oder andere digitale Plattformen können für einige Autoren eine attraktive Option sein.

Egal, welchen Weg du wählst, denke daran, dass das Schreiben und Veröffentlichen eines Buches eine persönliche und kreative Reise sind. Lass dich nicht entmutigen und bleibe leidenschaftlich bei der Verfolgung deiner schriftstellerischen Ziele.

Ich hatte mich für die Vermittlung über eine Literaturagentur entschieden und fand so den Weg zum Springer Gabler Verlag, dem ich noch heute treu bin.

Literatur

Frisch M (1954) Stiller – Roman. Suhrkamp, Frankfurt am Main
Frisch M (1957) Homo Faber – ein Bericht. Suhrkamp, Frankfurt am Main
Frisch M (1964) Mein Name sei Gantenbein – Roman. Suhrkamp, Frankfurt am Main
Hesse H (1904) Peter Camenzind – Roman. Fischer, Berlin
Hesse H (1906) Unterm Rad – Roman. Fischer, Berlin
Hurston ZN (2020) Dust tracks on a road. Virago Press, London
Kehlmann D (2004) Ich und Kaminski. Suhrkamp, Frankfurt am Main
Kehlmann D (2005) Die Vermessung der Welt. Rowohlt Taschenbuch, Hamburg/Berlin
Miersch M (2008) Kopfnoten – Philosophie der Krise: Max Frisch. https://www.welt.de/welt_print/article2561201/Philosohie-der-Krise-Max-Frisch.html. Zugegriffen am 16.08.2024
Nawatzki J (2013) Mit Selbstcoaching zum Traumjob – Wie Sie in fünf Schritten Ihre wahre Berufung entdecken und umsetzen. Springer Gabler, Wiesbaden

3
Mein Traum – vom Schreiben leben zu können

Springer Gabler ist ein renommierter Verlag, aber er zahlt keine Vorschüsse an Autoren. Er druckte auch keine Erstauflage, sondern druckt das Buch erst, wenn es bestellt wird (print on demand).

Das ganze Knowhow darüber, wie ich am besten einen Verlag bzw. eine Agentur finde, habe ich damals aus einschlägigen Büchern bezogen (z. B. Gorus 2011). Heute findest du all diese Informationen auch im Netz. Letztlich gibt es mittlerweile eine große Anzahl an Agenturen, die zum Teil sehr unterschiedlich spezialisiert sind.[1] Bei diesen bewirbt man sich mit einem Exposé zum Buch.

3.1 Das Exposé

Ein Buchexposé ist eine wichtige Bewerbungsunterlage, mit der sich Autorinnen und Autoren bei Verlagen bewerben, um ihr Buchprojekt vorzustellen. Es soll das Interesse des Verlags wecken und einen Überblick

---

[1] Eine Liste der Agenturen findest du u. a. hier: https://www.text-manufaktur.de/agenturliste.html. (Zugriff 20.07.2023).

über das geplante Buch geben. Hier sind die wichtigsten Fakten, die in einem Buchexposé enthalten sein sollten:

1. Titel und Genre: Nenne den Titel deines Buches und das Genre, zu dem es gehört (z. B. Roman, Sachbuch, Krimi, Fantasy, etc.).
2. Zielgruppe: Beschreibe die Zielgruppe deines Buches. Wen möchtest du mit deiner Geschichte oder deinen Informationen ansprechen?
3. Inhaltliche Zusammenfassung: Gib eine kurze, prägnante Zusammenfassung des Buchinhalts. Stelle die Hauptcharaktere oder zentralen Themen vor, ohne zu viele Details zu verraten. Das Exposé sollte den Verlag neugierig machen, mehr zu erfahren.
4. Alleinstellungsmerkmal: Beschreibe, was dein Buch einzigartig macht: Warum ist es besonders und hebt sich von anderen Werken in deinem Genre ab?
5. Schreibstil und Ton: Gib einen Eindruck von deinem Schreibstil und der Stimmung des Buches. Ist es humorvoll, spannend, ernsthaft, poetisch?
6. Umfang: Gib an, wie viele Wörter oder Seiten dein Manuskript umfasst.
7. Autorenprofil: Stelle dich als Autor oder Autorin vor. Nenne relevante Informationen wie bisherige Veröffentlichungen, besondere Erfahrungen oder Expertise, die mit dem Buchthema zusammenhängen.
8. Marktanalyse: Zeige auf, warum es eine Nachfrage nach deinem Buch geben könnte. Nenne vergleichbare Bücher, die erfolgreich auf dem Markt sind, und erkläre, wie sich dein Buch davon unterscheidet.
9. Vermarktungsmöglichkeiten: Skizziere mögliche Vermarktungsideen für das Buch. Wie kannst du bei der Vermarktung unterstützen oder das Buch einem bestimmten Publikum näherbringen?
10. Status des Manuskripts: Gib an, ob das Buch bereits fertiggestellt ist oder sich noch in Arbeit befindet. Falls es bereits fertig ist, kannst du auch erwähnen, ob es bereits Lektorats- oder Testleserfeedback gab.
11. Kontaktdaten: Vergiss nicht, deine vollständigen Kontaktdaten anzugeben, damit der Verlag dich bei Interesse erreichen kann.

Ein gut geschriebenes und überzeugendes Buchexposé kann den entscheidenden Unterschied machen, um das Interesse eines Verlags bzw.

einer Agentur zu wecken und eine Veröffentlichungschance zu erhalten. Achte darauf, dass das Exposé klar strukturiert und fehlerfrei ist. Es sollte den Verlag neugierig machen und dein Buchprojekt von seiner besten Seite präsentieren.

Ich bewarb mich mit dem in Abb. 3.1, 3.2 wiedergegebenen Exposé bei einer Agentur.

Die Agentur Ariadne-Buch aus München vermittelte sehr zügig den Kontakt zum Verlag und meine Lektorin dort war der Meinung, dass das Manuskript gut geschrieben sei. Lediglich einige Abbildungen musste ich überarbeiten und las das Manuskript noch einige Male Korrektur. Viele Verlage sparen heute am Lektorat und dementsprechend weisen Bücher heutzutage oft mehr Fehler auf, als es früher der Fall war. Die Literaturagentur bietet ihre Dienste keinesfalls umsonst an, sondern erhält 20 % zuzüglich Umsatzsteuer der mir zustehenden Bucheinnahmen.

Also übernahm ich auch das abschließende Lektorat. Ich weiß nicht, wie oft ich das Manuskript gelesen habe – immer wieder mit etwas zeitlichem Abstand – aber es sind trotzdem noch einige Fehler darin enthalten. Nach der Abgabe des Manuskriptes wurde das Buch gesetzt und irgendwann erhielt ich die Druckfahne für eine letzte Korrektur. Kurz darauf brachte der Paketbote einen Karton mit meinen 20 Freiexemplaren und meine Freude über die erste richtige Verlagsveröffentlichung war riesengroß.

Seitdem zahlt mir der Verlag zweimal pro Jahr meine Tantiemen über die Agentur aus. Alles in allem habe ich in den letzten zehn Jahren knapp 800 Buchexemplare verkauft und einen niedrigen bis mittleren vierstelligen Betrag für dieses Buch erhalten, in dem insgesamt ein Jahr intensiver Arbeit steckt. Doch ich habe diese Arbeit mit viel Freude gemacht. Zumindest, was die Erstellung der Rohfassung angeht. Wenn du dein Werk aber irgendwann zum 25.-Mal Korrektur gelesen hast, um auch die letzten Fehler noch auszumerzen, kannst du es nicht mehr sehen.

Nun war ich Schriftsteller – ein Autor mit einer Verlagsveröffentlichung. Doch leben konnte ich von meinen Buchtantiemen bei Weitem nicht. Denn die Verlagshonorare bewegen sich nach Abzug der Mehrwertsteuer zwischen sechs und zehn Prozent, was nicht gerade üppig ist. Das wären bei einem Buch im Wert von 20,00 € maximal 2,00 € pro verkauftem Exemplar. Deshalb gelingt es nur wenigen Autoren, vom Schreiben zu leben.

Exposé zum Ratgeber
Mit Selbstcoaching zum Traumjob - Wie Sie in fünf Schritten Ihre wahre Berufung entdecken und umsetzen von Dr. Jürgen Nawatzki
Status des Projekts: Rohfassung fertiggestellt (zur Zeit in Überarbeitung)
Manuskript-Abgabetermin: Voraussichtlich in 4 Wochen
Umfang: ca. 350.000 Zeichen (mit Leerzeichen), ca. 240 Normseiten (in Garamond 12 Pkt.)
Platzierung im Buchhandel: 1. Ratgeber > Business & Karriere > Jobs & Karriere > Berufseinstieg, Berufswahl, Berufsfindung, berufliche Neuorientierung, die eigene Berufung finden 2. Ratgeber > Psychologie & Hilfe > Selbstcoaching, Selbstmanagement
Zielgruppen: 1. Berufsanfänger (Schüler, Studenten) 2. Wiedereinsteiger in den Beruf 3. Arbeitslose 4. Karrierewechsler, die mehr möchten, als nur einem Job nachzugehen
Inhalt und USP im Überblick:
Viele Arbeitnehmer sehen in ihrer Arbeit nur einen Job, um Geld zu verdienen und sind daher eher extrinsisch motiviert. Sie sind jedoch weit davon entfernt, ihrem Traumjob und damit einer Arbeit nachzugehen, die sie überwiegend aus sich selbst heraus motiviert. Eine solche Arbeit raubt einem nicht Energie, wie viele Jobs es tun, sondern sie gibt einem diese. Genau hier setzt dieser Ratgeber an. Er hilft, durch Selbstcoaching kreative Berufsfindung zu betreiben, indem er ein praxiserprobtes Instrumentarium zur Verfügung stellt, mit dem man in fünf Schritten seine wahre Berufung entdeckt und in seinen Traumjob umsetzt. Mosaikstein für Mosaikstein entwickelt der Leser Antworten auf die die Fragen „Wer bin ich?", „Was will ich?", „Was kann ich?" und „Wie kann ich umsetzen, was ich kann und will?" Zahlreiche Tools in Form von Fragen, Übungen und Checklisten unterstützen ihn dabei. Diese werden anschließend ausgewertet und zur eigenen Berufung verdichtet. Bei der Umsetzung dieser in seinen Traumjob orientiert sich der Leser vor allem an der Strategie der Evolution. Andere Bücher zu diesem Thema enthalten - wenn überhaupt - nur einzelne Instrumente. Hier aber wird ein in der langjährigen Beratungs- und Coachingpraxis des Autors entwickelter und erprobter ganzheitlicher Ansatz vorgestellt. Dabei unterstützen den Leser eine Vielzahl an Tools in Form von Fragen, Übungen und Checklisten, die sowohl den bewussten Verstand als auch das Unbewusste bei der Lösungsfindung mit einbeziehen. Hinzu kommt die Orientierung bei der Umsetzung an der Strategie der Evolution. Neu ist auch, dass der Leser seinen Traumjob in einem umfassenden Selbstcoachingprozess entwickelt und anschließend in die Praxis umsetzt.

Abb. 3.1 Beispiel Exposé (1)

Der Autor
Dr. Jürgen Nawatzki, Jahrgang 1958, ist freiberuflicher Trainer und Coach sowie Gründer und Inhaber der *Dr. Nawatzki Karriereberatung!*. Er ist Diplom Kaufmann, war wissenschaftlicher Mitarbeiter, hat promoviert, war Finanzberater und selber jahrelang auf der Suche nach seiner Berufung. Seit über 10 Jahren leitet er Seminare zu beruflichen Themen (u. a. Bewerbung, Berufsfindung und Kommunikation) und seit 5 Jahren arbeitet er zusätzlich als Coach und Karriereberater. Er hat jahrelange Erfahrung mit Workshops und Einzelcoachings zum Thema Berufliche (Neu-)Orientierung und bereits viele Menschen bei der Entdeckung und Umsetzung ihrer Berufung in ihren Traumjob unterstützt.
Konkurrenzwerke, Marktumfeld
- Paul Ch. Donders, Peter Essler: Berufung als Lebensstil. Aufbrechen in ein wertvolles Leben, Vier-Türme-Verlag, 2011. - Angelika Gulder: Finde den Job, der dich glücklich macht. Von der Berufung zum Beruf, Campus, 2004. - Guido Ernst Hannig: Lebe deine wirkliche Berufung. Der spirituelle Weg, Verlag Die Silberschnur, 2010. - Barbara Henke: Finde deine Berufung! Der inneren Führung vertrauen. Ein Sechs-Schritte-Programm, Kösel, München, ohne Jahr. - Richard Nelson Bolles: Durchstarten zum Traumjob. Das ultimative Handbuch für Ein-, Um- und Aufsteiger, 9. aktualisierte und überarbeitete Auflage, Campus, 2009. - Gregor Wilbers: Selbstcoaching in 7 Tagen. Wie Sie Ihren persönlichen Weg zum Erfolg finden, Gabler, Wiesbaden 2011. Das vorliegende Buchkonzept lässt sich von den bestehenden Büchern vor allem durch seine Fokussierung abgrenzen: Es stellt im Gegensatz zu anderen Büchern zum Thema umfassende Tools zum Selbstcoaching zur Verfügung, bestehend aus einer Vielzahl an Fragen, Checklisten und Übungen. Diese Tools sind in ihrer Gesamtheit und Kombination einzigartig. Damit ist es für seine Zielgruppe deutlich relevanter als andere Bücher zum Thema (Barbara Henke; Angelika Gulder), die entweder gar keine oder nur wenige Instrumente enthalten. Auch von der Zielgruppe her unterscheiden sich die Bücher. Während dieses Buch sich an Berufsanfänger, Arbeitslose, Wiedereinsteiger und Karrierewechsler wendet, richtet sich das Buch von Beate Westphal eher an junge Menschen. Andere sind primär spirituell motiviert (Paul Ch. Donders/Peter Essler; Guido Ernst Hannig). Seinen Schwerpunkt legt das vorliegende Buch auf das Selbstcoaching zum Entdecken und Umsetzen der eigenen Berufung in den Traumjob. Damit ist es wesentlich spezieller als das Buch von Gregor Wilbers und als das Handbuch von Richard Nelson Bolles, das sowohl ein Bewerbungsratgeber als auch ein Buch zur Berufsfindung ist. Die ganzheitliche Betrachtung des Themas in Form eines Selbstcoachingprozesses und die umfangreichen Tools gibt es so bisher nicht am Markt. Hinzu kommt die Orientierung bei der Umsetzung an der Strategie der Evolution. Alle drei Faktoren machen dieses Buch einzigartig.

Abb. 3.2 Beispiel Exposé (2)

„Wer ein Buch schreibt, lektoriert oder gestaltet, verdient nicht das große Geld. Aber er kann seine Leidenschaft leben." (Kutter 2010)

„Die wenigsten Autoren können vom Schreiben leben", sagt Dietger Pforte (Kutter 2010), der sich als Vorsitzender der Deutschen Schillerstiftung um die Förderung von Autoren kümmert. „Großverdiener wie Günter Grass sind die absolute Ausnahme." Die Masse lebe von einem sogenannten Brotjob (Kutter 2010).

„In Deutschland können vielleicht 100 bis 200 Schriftsteller allein vom Schreiben leben", sagt auch Heinrich Bleicher-Nagelsmann, Sprecher des Gewerkschaftsverbundes deutscher Schriftsteller.[2]

Das entspricht gerade mal einem Anteil von etwa fünf Prozent.

Da ist dann also noch irgendein Brotberuf notwendig, den du tagsüber ausübst, während du morgens und abends deiner künstlerischen Passion nachgehst.

Autorinnen und Autoren haben oft sogenannte Brotjobs, sprechen aber selten darüber. So arbeitete der promovierte Jurist *Franz Kafka* (1883–1924) von 1908 bis zu seiner krankheitsbedingten Pensionierung 1922 bei einer Versicherungsgesellschaft in Prag (Reichwein 2024).

Ein nicht geringer Teil jener Koryphäen, deren Bücher wir heute mit Ehrfurcht und Respekt lesen, musste sich den Luxus, schreiben zu können, erst erarbeiten. Auch Autoren wie beispielsweise Charles Dickens oder Ernest Hemingway arbeiteten als Journalisten, um ihre Existenzgrundlage zu sichern (vgl. Novumverlag 2020).

Der US-amerikanische Autor *Charles Bukowski* arbeitete rund 15 Jahre als Briefzusteller des United States Postal Service. Erst mit 50 Jahren kündigte Bukowski seine Stelle bei der Post, um sich sein Einkommen von da an ausschließlich mit Zeitungskolumnen und dem Schreiben von Büchern zu verdienen (vgl. Novumverlag 2020).

Doch einen Brotjob wollte ich nicht. Ich hatte das Ziel, vom Schreiben zu leben. Nachdem ich meinen Ratgeber zum Thema Berufung fertiggestellt hatte, dachte ich deshalb intensiv darüber nach, wie ich dieses Ziel in Zukunft erreichen könnte.

---

[2] Zitiert von Grabovac (2011).

3.2 Der Traum vom Bestseller

Der Traum, vom Schreiben leben zu können, ist ein Wunsch, der viele Menschen inspiriert und antreibt. Die Vorstellung, die Leidenschaft für das Schreiben in einen Beruf umzuwandeln und damit den Lebensunterhalt zu verdienen, hat eine einzigartige Anziehungskraft.

Für viele ist das Schreiben nicht nur ein Hobby, sondern eine Art der Selbstverwirklichung. Es ermöglicht ihnen, ihre Gedanken, Ideen und Geschichten auf Papier festzuhalten und mit anderen Menschen zu teilen. Die Vorstellung, dass diese Worte eine Wirkung auf Leser haben und ihr Denken, Fühlen oder Handeln beeinflussen können, ist faszinierend.

Der Weg, vom Schreiben leben zu können, ist jedoch oft mit Herausforderungen verbunden. Es erfordert

- Ausdauer,
- Hingabe und den
- Mut,

sich selbst und seine Werke der Öffentlichkeit zu präsentieren. Schriftsteller müssen hart arbeiten, um ihre Fähigkeiten zu verbessern, ihre Stimme zu finden und sich einen Namen in der Branche zu machen.

Die Möglichkeiten, vom Schreiben zu leben, sind vielfältig. Einige Autoren konzentrieren sich auf das Verfassen von Romanen, Krimis oder Sachbüchern, während andere sich auf journalistische Arbeit, Content-Erstellung für u. a. Blogs oder das Schreiben von Drehbüchern spezialisieren. Die Digitalisierung hat zudem neue Chancen eröffnet wie das Bloggen, das Schreiben von E-Books oder das Arbeiten als Freelancer für Online-Medien.

Dabei möchte jeder Schriftsteller einen Bestseller landen. Beim Sachbuch spricht man bereits ab 5000 verkauften Exemplaren von einem Bestseller, bei einem Roman erst bei einem Absatz von 100.000 Exemplaren. Von Beraterbüchern werden nur selten mehr als 1000 bis 2000 Exemplare verkauft. Anhand eines Manuskriptes zu beurteilen, welches Potenzial ein Buch hat, ist extrem schwierig. Nicht umsonst wurden auch Autoren, die heute weltberühmt sind, immer wieder von Verlagen abgelehnt.

J.K. Rowling, die Autorin der Harry-Potter-Buchreihe, hatte Berichten zufolge ihr Erstmanuskript bei mehreren Verlagen eingereicht, bevor es schließlich akzeptiert wurde. Es wird oft erwähnt, dass sie von insgesamt zwölf Verlagen abgelehnt worden war, bevor der britische Verlag *Bloomsbury* das erste Buch *Harry Potter und der Stein der Weisen* veröffentlichte (vgl. sueddeutsche.de 2016).

Stephen King hat in seinem Buch *Das Leben und das Schreiben* (King 2011) offen über seine Erfahrungen als Schriftsteller gesprochen. Er beschreibt darin seinen persönlichen Werdegang, seine Herangehensweise ans Schreiben und teilt wertvolle Ratschläge für angehende Autoren.

King erzählt, dass er bereits in jungen Jahren eine Leidenschaft für das Schreiben entwickelte und regelmäßig Geschichten verfasste. Allerdings musste er auch mit zahlreichen Rückschlägen umgehen. Er erhielt unzählige Ablehnungen von Verlagen, die seine Werke nicht veröffentlichen wollten, angeblich über 1000 Absagen. Trotz dieser Enttäuschungen gab er nicht auf und ließ sich nicht entmutigen.

Eine interessante Methode, um mit den Absagen umzugehen, war für *King*, die Ablehnungen an einem Nagel an der Wand aufzuhängen. Dies erinnerte ihn daran, dass er weitermachen und hart arbeiten musste, um sein Ziel zu erreichen. Die Ablehnungen wurden so zu einer Motivation, anstatt ihn zu entmutigen.

In *Das Leben und das Schreiben* teilt *King* auch seine Gedanken zum Schreibprozess und gibt praktische Tipps für angehende Schriftsteller. Er betont die Wichtigkeit von Ausdauer, Disziplin und dem kontinuierlichen Schreiben. *King* ermutigt angehende Autoren, ihre eigene Stimme zu finden und sich nicht von Zweifeln oder Kritik abbringen zu lassen.

Das Buch *Das Leben und das Schreiben* bietet einen Einblick in die persönlichen Erfahrungen und die Denkweise von *Stephen King* als erfolgreichem Schriftsteller (King 2011). Es ist sowohl eine inspirierende Lektüre für angehende Autoren als auch für Fans seiner Werke, die mehr über den Mann hinter den Bestsellern erfahren möchten.

Und was kann man so verdienen als Bestsellerautor? Die Berechnung ist relativ einfach: Wenn der Roman als Hardcover in Buchhandlungen durchschnittlich 20 € kostet und der Autor 10 % vom Verkaufspreis erhält, würde er bei 30.000 verkauften Exemplaren ungefähr 60.000 € verdienen (etwas weniger, da die Grundlage stets der Nettoverkaufserlös ist). Allerdings gibt es in seriösen Verträgen eine Bestsellerklausel, die besagt, dass die Konditionen angepasst werden müssen, wenn die Verkäufe eine bestimmte Grenze überschreiten. Und wer wie Stephen King schon einen Namen hat, kann innerhalb gewisser Grenzen vermutlich andere Konditionen heraushandeln als ein unbekannter Erstautor.

Der Weg zum Erfolg als Schriftsteller ist jedoch nicht einfach. Er erfordert einen stetigen Lernprozess, die Fähigkeit zur Selbstvermarktung und die Bereitschaft, Rückschläge und Ablehnungen zu akzeptieren. Doch der Traum, vom Schreiben leben zu können, kann auch ein erfüllendes und lohnendes Abenteuer sein. Die Freiheit, seine eigenen Arbeitszeiten und Projekte zu wählen, die Möglichkeit, kreativ zu sein und Menschen mit den eigenen Worten zu berühren, sind Aspekte, die viele Schriftsteller motivieren.

Letztendlich erfordert es Leidenschaft, Entschlossenheit und einen stetigen Antrieb, um den Traum, vom Schreiben zu leben, zu verwirklichen. Mit Hingabe und Engagement kann dieser Traum zu einer erfüllenden und lebensverändernden Realität werden.

Als Buchautor wurde ich Pflichtmitglied in der Künstlersozialversicherung und tat nicht viel, aber immerhin etwas für meine Rente.

Es war klar, dass ich laufende Einnahmen brauchte. Der Verkauf gebrauchter Bücher über Amazon brachte zwar einiges ein, aber ich wollte nicht dauerhaft ein Händler sein und hier und dort gebrauchte Bücher aufkaufen, um sie über Amazon wieder zu verkaufen. Das war arbeitsintensiv, ohne mich geistig zu befriedigen. Auch war ich kein guter Händler, denn ich war beim Einkauf zu großzügig – was mein Naturell ist – und die Gewinnmarge war dadurch sehr schmal.

Deshalb bemühte ich abermals das WorldWideWeb und machte eine Recherche zum Thema „Geld verdienen im Internet mit Schreiben".

Es gibt verschiedene Möglichkeiten, im Internet mit Schreiben Geld zu verdienen. Hier sind einige beliebte Optionen:

1. Freiberufliches Schreiben: Plattformen wie *Upwork*, *Fiverr*, *Textbroker* und *Freelancer* bieten Möglichkeiten, als freiberuflicher Schriftsteller für verschiedene Auftraggeber zu arbeiten. Du kannst Artikel, Blogbeiträge, Produktbeschreibungen, E-Books und mehr schreiben.

2. Content-Marketing: Einige Websites und Blogs beauftragen Schreiber, um regelmäßig Inhalte zu erstellen. Solche Plattformen ermöglichen es dir, regelmäßig zu schreiben und ein konstantes Einkommen zu erzielen.
3. Eigener Blog oder Website: Du kannst deinen eigenen Blog oder deine eigene Website erstellen und mit qualitativ hochwertigem Content eine Leserschaft aufbauen. Durch Werbung, Affiliate-Marketing, gesponserte Beiträge oder den Verkauf von (digitalen) Produkten kannst du Einnahmen generieren.
4. E-Books veröffentlichen: Verfasse E-Books zu Themen, die dich interessieren und in denen du Expertise besitzt. Plattformen wie *Amazon Kindle Direct Publishing* ermöglichen dir, deine E-Books zu veröffentlichen und Tantiemen aus Verkäufen zu erhalten.
5. Online-Magazine und Zeitschriften: Einige Online-Publikationen zahlen Autoren für ihre Beiträge. Recherchiere nach Magazinen, die in deinem Interessensgebiet liegen und Autoren honorieren.
6. Gastbeiträge: Schreibe Gastbeiträge für etablierte Blogs und Websites. Einige Plattformen zahlen möglicherweise für qualitativ hochwertige Inhalte oder bieten dir die Möglichkeit, dein eigenes Werk zu bewerben und deine Reichweite zu vergrößern.
7. Texte und Bücher übersetzen: Wenn du mehrere Sprachen beherrschst, kannst du Übersetzungsarbeiten für Texte und Bücher annehmen.
8. Social-Media-Content: Unternehmen suchen oft nach Social-Media-Managern oder -Influencern, die überzeugende und ansprechende Inhalte verfassen können. Dies kann eine Möglichkeit sein, mit deinen Schreibfähigkeiten Einkommen zu erzielen.

Es ist wichtig zu bedenken, dass der Wettbewerb im Online-Schreibbereich groß sein kann. Um erfolgreich Geld zu verdienen, ist es entscheidend, qualitativ hochwertige Inhalte zu liefern, zuverlässig zu sein und die eigenen Fähigkeiten kontinuierlich zu verbessern. Außerdem kann es eine Weile dauern, bis du ein stabiles Einkommen aufbaust. Mit Ausdauer und Engagement kannst du jedoch langfristig Erfolg erzielen.

Dabei wurde auch der Aufbau eines Blogs vorgeschlagen, doch schien mir ein solches Projekt damals noch zu langwierig, bis erste Einnahmen flössen. Außerdem hätte ich nicht gewusst, was für ein Thema ich hätte wählen sollen. Für einen eigenen Blog war es also zu diesem Zeitpunkt noch zu früh.

3.3 Schreibaufträge

Stattdessen entschied ich mich für Schreibdienste bzw. Textagenturen, bei denen man durch die Bearbeitung von Schreibaufträgen Geld verdienen konnte. Unter anderem gibt es heute:

- content.de
- textbroker.de
- contentgeeks.de
- freedom-writer.de
- textagentur-wortaffin.de
- contify.de
- textiererei.com
- etexter.de
- blankenfeinundpartner.de
- textagentur-wortgeflecht.de.

Literatur

Gorus O (2011) Erfolgreich als Sachbuchautor – Von der Buchidee bis zur Vermarktung, 4., überarb. u. ak. Aufl. Gabal, Offenbach am Main.

Grabovac A (2011) Bestsellerautor mit 845 Euro netto: Hungernde Poeten. In: taz.de. Bestsellerautor mit 845 Euro netto: Hungernde Poeten - taz.de. Zugegriffen am 17.08.2024

King S (2011) Das Leben und das Schreiben. Heyne, München

Kutter I (2010) Die Büchermacher. In: ZEIT Campus 04/2010. https://www.zeit.de/campus/2010/04/arbeiten-kreative/komplettansicht. Zugegriffen am 17.08.2024

Novumverlag (2020) Brot und Wortspiele: Vom Briefzusteller zum Bestsellerautor: Mit diesen Brotjobs verdienten weltberühmte Schriftsteller ihr Geld. https://novumverlag.blog/2020/09/04/die-brotjobs-von-schriftstellern/. Zugegriffen am 17.08.2024

Reichwein M (2024) Franz Kafka: „Himmel voll Raketen" – Wie der Schriftsteller sein letztes Silvester verbrachte. In welt.de/kultur. Franz Kafka: „Himmel voll Raketen" – Wie der Schriftsteller sein letztes Silvester verbrachte - WELT. Zugegriffen am 17.08.2024

Sueddeutsche.de (2016) So haben Verlage das Manuskript von J.K. Rowling abgelehnt. J.K. Rowling veröffentlicht Ablehnungen von Verlagen - Kultur - SZ.de (sueddeutsche.de). Zugegriffen am 17.08.2024

4

Schreiben als Freelancer

So begann ich nach der Fertigstellung meines Ratgebers „Mit Selbstcoaching zum Traumjob" (Nawatzki 2013) als Freelancer bei der Textagentur *content.de*.

Die Philosophie der Agentur, die mittlerweile als Aktiengesellschaft firmiert, macht folgendes Zitat deutlich:

> „Der Online-Marktplatz content.de ermöglicht den preiswerten Einkauf einzigartiger Texte. Durch viele qualifizierte Autoren können Textmengen skaliert und nahezu alle Themen geschrieben werden. Praxiserprobte Tools und persönliche Betreuung sorgen für mehr Effizienz und Zeiteinsparung beim Texteinkauf." (content.de 2024)

Bei content.de kannst du von zu Hause oder jedem anderen Ort, der dir gefällt, Geld verdienen; es ist eine Plattform für Schreibprofis und ambitionierte Hobbytexter. Täglich sind hier Text-Aufträge zu unterschiedlichen Themen zu finden. Dabei wirst du direkt von content.de bezahlt. Dein Honorar ist also gesichert. Und der entscheidende Vorteil besteht darin, dass die erforderliche Zeit für die Akquise von Aufträgen entfällt.

Um sich bei content.de als Texter zu bewerben, muss man einen Probe- bzw. Bewerbungstext einreichen.

Dabei ist es von entscheidender Bedeutung, dass du deinen Bewerbungstext, der gleichzeitig dein Ticket zur Texter-Plattform ist, sorgfältig und gut überlegt erstellst. Berücksichtige die Aufgabenstellung so genau wie möglich und lege beim Verfassen des Beispiels besonderen Wert auf korrekte Grammatik, Zeichensetzung und Orthografie. Ich bewarb mich mit ein paar Absätzen zum Thema: „Sylt ist immer eine Reise wert".

Eine genauere Ausführung der Anforderungen erhöht deine Klassifizierung und damit auch dein Entgelt, das pro Wort gezahlt wird. Dabei werden je nach Einstufung Worthonorare von ca. 1,20 € bis zu 5,20 € gezahlt. Die aktuellen Tarife finden sich unter https://www.content.de/honorare.

Ein zusätzlicher Verdienst pro Wort ist vorgesehen, wenn es sich um eine Group Order (Gruppenauftrag) handelt, das heißt, wenn ein offener Auftrag speziell an eine ausgewählte Gruppe von Autoren gerichtet ist.

Die auf content.de aufgeführten Vergütungsbeträge sind Nettoverdienste. Die gesetzliche Umsatzsteuer wird erst dann separat ausgewiesen, wenn ein entsprechender Nachweis erbracht wird.

Der Verdienst pro Monat ist begrenzt. Man kann am Tag vielleicht 1000, an guten Tagen vielleicht 1500 Worte schreiben. Aber es stehen längst nicht immer genügend Aufträge zur Verfügung, um so viele Worte überhaupt schreiben zu können.

Zunächst erhielt ich aufgrund meines Bewerbungstextes eine Einstufung mit drei Sternen, von der ich mich langsam bis 4* vorarbeitete. Die Textagentur content.de hat eine strenge Qualitätssicherung und Autoren werden in regelmäßigen Abständen überprüft und gegebenenfalls hochgestuft.

Weiter als bis zur Qualitätsstufe 4* bin ich bei content.de in den zwei Jahren von 2013 bis 2015 nicht gekommen. Denn wenn ich schreibe, kommen bei mir durchaus Wortwiederholungen vor, die ich nicht direkt bemerke. Diese sehe ich erst, wenn ich den Text am nächsten Morgen mit einem gewissen Abstand Korrektur lese. Dazu war in diesem System aber oft nicht genug Zeit, da die zu erstellenden Texte meist kurzfristig einzureichen waren.

Auch gab es nur wenige Texte, für die Autoren mit 4** oder 5 Sternen gesucht wurden. Diese verdienten zwar mehr pro geschriebenem Wort, doch waren sie den Auftraggebern meist zu teuer.

Wenn Auftraggeber mit den Texten eines Autors sehr zufrieden waren, konnten sie diesen zu einer Gruppe von Autoren hinzufügen und Aufträge – sogenannte Group Orders – wurden im System nur dieser Gruppe gezeigt. Das erhöhte die Chance, einen Auftrag zu ergattern immens im Vergleich zu Open Orders, die für alle Autoren mit der entsprechenden Qualitätsstufe sichtbar waren.

Darüber hinaus gab es auch sogenannte Direct Orders, bei denen ein Auftraggeber einen Autor direkt beauftragen konnte, einen bestimmten Artikel zu verfassen. Diese wurden ebenfalls besser bezahlt, doch scheuten viele Auftraggeber den Mehraufwand dafür.

Damit verdiente ich dann – wenn es gut lief – rund 50 € pro Tag. Aber wie gesagt gab es längst nicht immer genügend Aufträge. Oft habe ich nur zwischen 200 und 300 € pro Monat eingenommen, selten an die 500 €. Viel mehr an Verdienst war bei content.de nicht drin.

Für content.de habe ich über zwei Jahre lang Aufträge bearbeitet und mich auf längere Ratgebertexte spezialisiert, vor allem im Bereich Finanzen, wo ich über einschlägige Berufserfahrung verfüge. Schließlich hatte ich bei *MLP* eine umfangreiche Ausbildung in Finanzthemen erhalten. Da solche Aufträge jedoch nicht immer angeboten wurden, verfasste ich auch die eine oder andere Produktbeschreibung, beispielsweise für Online-Shops, oder ich beschrieb Angebote für Reiseagenturen. Auch lernte ich, für das Internet zu schreiben und SEO-gerechte Artikel zu verfassen.

Es ist auch nicht mit dem Schreiben eines Artikels getan. Vorher kommt noch die Recherche, die aus Zeitgründen ausschließlich im Netz stattfand. Da im Internet stets unique content gefordert ist, musste ich sehr darauf achten, meine verwendeten Quellen sauber zu dokumentieren und meine Texte vor allem individuell und eigenständig zu formulieren. Heute kann man ChatGPT unterstützend verwenden und unglaublich viel Zeit sparen (vgl. auch Kap. 19).

Bei content.de ist man nicht fest angestellt, sondern ein Freelancer mit Selbstständigem-Status und muss für Krankenversicherung und Altersvorsorge selbst aufkommen, sofern man nicht Mitglied bei der Künstlersozialkasse ist.

Da der Verdienst bei content.de nicht ausreichte, schrieb ich zusätzlich Artikel für die Website gevestor.de, die zum *VNR Verlag für die Deutsche Wirtschaft AG* gehört. GeVestor beschreibt sich wie folgt:

> „Die GeVestor Financial Publishing Group steht seit mehr als 25 Jahren für seriöse, qualitativ hochwertige und geprüfte Finanz-Informationen für die Bereiche Börse, Immobilien, Finanzen und Wirtschaft." (gevestor.de 2023)

Dort verdiente ich immerhin rund 50 € pro Artikel. Nachteilig war, dass ich Artikel häufig überarbeiten musste, da gevestor.de ein strenges Qualitätsmanagement hat. Auch musste ich manchen Artikel schreiben, bei dem mich das Thema wenig bis gar nicht interessierte.

Und wenn dich das Thema nicht wirklich interessiert, kann Schreiben ziemlich anstrengend sein. Dann muss man permanent seinen inneren Widerwillen überwinden und das kostet immens viel Kraft.

Letztendlich ist es wichtig zu erkennen, dass Schreiben eine kreative Tätigkeit ist und intrinsisches Interesse und Leidenschaft oft einen großen Einfluss auf das Ergebnis haben. Wenn du jedoch einen bestimmten Text oder ein Projekt fertigstellen musst, kann es helfen, sich bewusst auf die positiven Aspekte des Schreibens zu fokussieren und Wege zu finden, um den inneren Widerstand zu überwinden.

Bei mir funktionieren bestimmte Belohnungen sehr gut: Wenn ich eine Woche hatte, in der ich sehr produktiv war, belohnte ich mich beispielsweise mit einem leckeren Essen in einem Restaurant.

Darüber hinaus schrieb ich auch regelmäßig Artikel für die Plattform experto.de zu den Themen Finanzen und Karriere, verdiente damit jedoch kein Geld, sondern machte das, weil mir Schreiben Freude bereitete und alle meine Artikel im Netz veröffentlicht wurden. Außerdem erwarb ich so eine gewisse Routine darin, Blogartikel zu verfassen. Inzwischen hat die Expertenplattform ein Repertoire von über 50.000 Artikeln. Einige meiner Artikel sind nach wie vor dort zu finden.

Während meiner Tätigkeit für content.de begegnete mir auch die eine oder andere journalistische Darstellungsform, wie zum Beispiel Bericht und Presseerklärung. Ich erarbeitete mir das notwendige Know-how, um solche Artikel schreiben zu können, und bekam Lust auf mehr. Ich wollte auch lernen

- Features,
- Glossen,
- Kommentare,
- Portraits,
- Reportagen und
- Rezensionen

zu verfassen. Vielleicht könnte ich zukünftig als freier Journalist arbeiten?

Denn meinen Traum, vom Schreiben leben zu können, konnte ich als freiberuflicher Texter nicht realisieren; ich war nach wie vor ein sogenannter „Hartz-4-Aufstocker", der neben seinem Verdienst als Texter und Autor ergänzend Arbeitslosengeld II (ALG II) bezog.

Dabei musste ich jedes halbe Jahr einen neuen Antrag beim Jobcenter stellen und meinen Umsatz für die nächsten sechs Monate schätzen; was sehr schwierig war.

Entsprechend dem Gewinn, den ich für diesen Zeitraum ermittelt hatte, wurde mir dann ALG II bewilligt. Waren die sechs Monate vorbei, musste ich nachweisen, was ich tatsächlich verdient hatte. Das wurde meinen Prognosen gegenübergestellt und mal bekam ich etwas nachgezahlt, doch wenn der Gewinn meine Prognosen übertroffen hatte, musste ich Geld ans Jobcenter zurückzahlen. Alles in allem ein System, bei dem es mir nie gelang, ernsthafte Rücklagen zu bilden.

Literatur

content.de (2024). https://www.content.de/common/content/p/about_us. Zugegriffen am 03.09.2024

gevestor.de (2023). https://www.gevestor.de/finanzwissen/fonds/etfs. Zugegriffen am 05.07.2023

Nawatzki J (2013) Mit Selbstcoaching zum Traumjob – Wie Sie in fünf Schritten Ihre wahre Berufung entdecken und umsetzen. Springer Gabler, Wiesbaden

5

Ausbildung zum Fachjournalisten

Nun hatte ich zwei, drei Jahre lang mehrere hundert Aufträge für content. de, gevestor.de und experto.de verfasst. Dabei hatte ich auch manch journalistische Artikelform wie Presseerklärung, Bericht oder Rezension geschrieben und jetzt hatte ich Lust, meinen Horizont zu erweitern und wollte lernen, auch andere journalistische Darstellungsformen zu erstellen.

Also schrieb ich mich an der Freien Journalistenschule in Berlin für den Fernstudiengang Journalismus ein. Dabei musste ich auch meine Motivation begründen und tat das wie folgt:

Motivation
Ich bin Autor mehrerer Bücher und zahlreicher Artikel zu den Themengebieten Bewerbungen, Beruf und Karriere sowie Lebensberatung bei www.experto.de. Schreiben ist – das hat sich in den letzten Jahren immer deutlicher herausgestellt – meine wahre Berufung. Und mit dieser Berufung möchte ich zukünftig gerne meinen Lebensunterhalt bestreiten.

Von 1993 bis 1999 habe ich Finanzdienstleistungen verkauft und ein solides Know-how aufgebaut, was Immobilienfinanzierung, Kapitalanlage und Versicherungen angeht. Meine Idee ist nun, freiberuflich als Texter, Schreiber, Autor und Redakteur für Versicherungen, Allfinanzdienstleister, Kapitalanlagegesellschaften und Bausparkassen zu arbeiten und diese bei der Kundenkommunikation (Online-Auftritt, Produktbroschüren und Kundenzeitschriften) zu unterstützen.

Dazu fehlt mir aber noch journalistisches Know-how, das ich mir gern per Fernstudium im Studiengang Journalismus an der Freien Journalistenschule Berlin aneignen möchte.

Die Freie Journalistenschule (FJS) in Berlin ist eine private Bildungseinrichtung, die sich auf die Ausbildung von angehenden Journalisten spezialisiert hat. Sie wurde 2005 gegründet und bietet verschiedene Kurse, Workshops und Weiterbildungen im Bereich Journalismus an.
Zusätzlich musste ich einen Probeartikel einreichen und verfasste diesen zum Thema „Altersvorsorge mit Aktien in Fondssparplänen".
Der Lehrgang Journalismus besteht aus drei Pflichtmodulen, wie Recherche, journalistische Darstellungsformen und Presserecht, sowie mindestens neun Wahlpflichtmodulen, wo du aus einem Spektrum von weit über einem Dutzend frei wählen kannst, wie u. a.

- Journalistisches Texten,
- Das journalistische Interview,
- Onlinejournalismus,
- Journalistische Sparten,
- Journalistische Berufsfelder,
- Medienökonomie,
- Medienmanagement,
- Bild- und Videojournalismus,
- Rundfunk,
- Fernsehjournalismus,
- Audio- und Hörfunkjournalismus,
- Medienordnung,
- Einführung in die Medienwissenschaften,
- Medienproduktion,
- Printmedien,
- Internet, Web 2.0 und Social Media und
- Selbstmarketing.

Das Fernstudium bietet sich als berufsbegleitende Lernform für die Ausbildung von Journalisten besonders an, da diese – sofern bereits berufstätig – ihre Berufstätigkeit nicht zu unterbrechen brauchen. Der entscheidende Vorteil eines Fernstudiums liegt in der hohen zeitlichen wie auch örtlichen Flexibilität des Lernens. Kurz gesagt: Du kannst selbst bestimmen, wann und wo du lernst – und so deine journalistische Zusatzausbildung bequem neben deinem Beruf absolvieren, wobei selbstverständlich ein gewisser Arbeitseinsatz zum Studium der Literatur sowie zur Bearbeitung der Hausaufgaben erforderlich ist.

Die *FJS* legt Wert auf praxisorientiertes Lernen und bietet ihren Teilnehmern die Möglichkeit, journalistische Fähigkeiten und Kenntnisse in verschiedenen Medienbereichen zu entwickeln. Die angebotenen Kurse umfassen Themen wie Nachrichtenjournalismus, Feature- und Reportage schreiben, Interviewtechniken, Recherche, Online-Journalismus, multimediales Storytelling und Ethik im Journalismus.

Die Freie Journalistenschule in Berlin arbeitet mit erfahrenen Journalisten und Dozenten zusammen, die den Teilnehmern praktische Anleitungen, Feedback und Einblicke in die Branche bieten. Die Ausbildung kann in Vollzeit, Teilzeit oder in Form von einzelnen Kursmodulen absolviert werden, um den individuellen Bedürfnissen der Teilnehmer gerecht zu werden.

Die *FJS* fördert die Vielfalt und die unterschiedlichen Perspektiven im Journalismus und legt Wert auf eine kritische, unabhängige Berichterstattung. Neben der Vermittlung von journalistischen Fähigkeiten bietet die Schule auch Unterstützung bei der Praktikums- und Jobvermittlung sowie bei der Entwicklung von eigenen journalistischen Projekten.

Meine Pflicht- und Wahlpflichtmodule bearbeitete ich in gut einem Jahr. Dabei gab es zu jedem Modul ein Skript, das gelesen werden musste und Aufgaben, die zu bearbeiten waren. Am meisten Spaß machten die journalistischen Darstellungsformen Bericht, Feature, Reportage, Glosse, Kommentar, Portrait und Rezension. Als Abschlussarbeit verfasste ich ein Feature[1] über den Aufbau einer privaten Altersvorsorge mit Indexfonds, das ich später auf Focus Online veröffentlichte.[2] Insgesamt hatte ich folgende Fächer in meinem Fernstudium Journalismus belegt:

---

[1] Das Feature stellt ein spezifisches Ereignis oder Geschehen als repräsentatives Beispiel für ein allgemeines Problem dar. Dies kann den Fall einer individuellen Person einschließen, die von einer bestimmten Situation betroffen ist. Das Ziel des Features besteht darin, den allgemeinen Sachverhalt durch konkrete Einzelfälle verständlicher zu machen.

[2] https://www.focus.de/finanzen/experten/juergen_nawatzki/renten-debakel-vermeiden-kostenguenstig-so-bauen-sie-mit-etf-sparplaenen-ihre-altersvorsorge-auf_id_5429756.html.

- Recherche
- Journalistische Texten
- Journalistische Darstellungsformen
- Das journalistische Interview
- Journalistische Sparten
- Journalistische Berufsfelder
- Online-Journalismus
- Selbstmarketing
- Printmedien
- Presserecht
- Medienökonomie
- Instrumente der Öffentlichkeitsarbeit
- Presse- und Medienarbeit
- Corporate Publishing
- Buch-PR
- Redenschreiben
- Journalistisches Schreiben I
- Journalistisches Schreiben II
- Journalistisches Schreiben III
- Redigieren
- Self-Publishing
- Abschlussarbeit

Insgesamt schloss ich mein Fernstudium Journalismus mit dem Gesamtprädikat „Sehr gut (1,7)" ab.

5.1 Das Feature

Im Journalismus bezieht sich der Begriff „Feature" auf einen speziellen Artikel oder Beitrag, der sich von den regulären Nachrichten unterscheidet. Ein Feature zeichnet sich durch eine ausführliche und detailreiche Darstellung aus, die oft persönliche Geschichten, Hintergrundinformationen und eine tiefer gehende Analyse des Themas beinhaltet.

Im Gegensatz zu den harten Nachrichten, die oft objektiv und sachlich berichten, ermöglicht das Feature eine subjektivere Herangehensweise.

5 Ausbildung zum Fachjournalisten

Es kann verschiedene journalistische Stile und Techniken verwenden, wie zum Beispiel narrativen Journalismus, um den Lesern ein einzigartiges Erlebnis zu bieten und sie emotional zu berühren.

Features können über eine breite Palette von Themenbereichen berichten, von menschlichen Interessen und Kultur bis hin zu Gesellschaftsfragen, Wissenschaft, Umwelt oder Sport. Sie sollen dem Leser einen tieferen Einblick in das Thema geben und komplexe Zusammenhänge verständlicher machen. Features sind oft länger als herkömmliche Nachrichtenartikel und können in Magazinen, Zeitungen, Online-Veröffentlichungen oder in audiovisuellen Medien präsentiert werden.

Mir war von Anfang an klar gewesen, dass ich meine Abschlussarbeit über Geldanlage mit ETFs schreiben wollte. Seit ich mit börsengehandelten Indexfonds – so die deutsche Übersetzung des Begriffs Exchange Traded Funds (ETF) – in Berührung gekommen war, war ich von dieser Form von Investmentfonds fasziniert. Dass ich später mal einen eigenen Blog zu diesem Thema gründen und jahrelang betreiben würde, wusste ich damals allerdings noch nicht.

Seit dem 24. März 2015 darf ich die Bezeichnung *Fachjournalist (FJS)* führen, nachdem ich 22 Teilprüfungen erfolgreich bestanden hatte.

Das Fernstudium Journalismus hat mir insgesamt viel Spaß gemacht und ich fand die meisten Inhalte sehr interessant. Interessanter als viele Inhalte meines BWL-Studiums, wo ich mich beispielsweise mit den Grundsätzen ordnungsgemäßer Buchführung nur wenig anfreunden konnte.

5.2 Die Reportage

Eine Reportage im Journalismus ist ein journalistisches Format, das sich durch eine detaillierte, anschauliche und sachliche Darstellung von Ereignissen, Orten oder Personen auszeichnet. Sie basiert oft auf umfangreicher Recherche vor Ort und vermittelt dem Leser ein lebendiges Bild der Geschehnisse.

Eine Reportage zeichnet sich durch eine intensive Beobachtungsgabe des Autors aus, der die Situationen, Personen und Umgebungen vor Ort sorgfältig wahrnimmt und einfängt. Sie konzentriert sich nicht nur auf das „Was" und „Wer", sondern auch auf das „Warum" und „Wie" der Ereignisse. Dabei werden oft Hintergrundinformationen, Expertenaussagen und persönliche Erfahrungen von Beteiligten eingeflochten. Reportagen können sich mit verschiedenen Themen befassen, darunter aktuelle Ereignisse, soziale Probleme, kulturelle Phänomene oder politische Entwicklungen. Sie können in Form von Textartikeln, aber auch in audiovisuellen Medien wie Fernseh- oder Radiobeiträgen präsentiert werden.

Der Zweck einer Reportage besteht darin, dem Leser einen umfassenden und lebendigen Einblick in ein bestimmtes Thema zu bieten, indem sie über das bloße Faktenwissen hinausgeht und eine Geschichte erzählt, die den Leser fesselt und informiert.

In meiner Reportage, die ich als eine wesentliche journalistische Darstellungsform im Rahmen dieses Fernstudiums ebenfalls verfasste, stellte ich die Sportart Unterwasserrugby vor. Dazu besuchte ich mehrmals das Training des Paderborner Teams. Dabei ist Folgendes herausgekommen:

Unterwasserrugby – die einzige dreidimensionale Ballsportart der Welt
Auch unter Wasser wird in Paderborn Rugby gespielt. Die Saison hat gerade begonnen und die Unterwasserrugbymannschaft des 1. Paderborner Schwimmvereins bereitet sich zurzeit auf ihre nächsten Meisterschaftsspiele in der Bundesliga Nord vor. Ziel dabei ist, möglichst die Endrunde zur Deutschen Meisterschaft zu erreichen.

Der Ball liegt in der Mitte des Sprungbeckens auf dem Boden des Hallenbads. Die beiden schnellsten Spieler jeder Mannschaft sind in Startposition, bereit, sich jeden Augenblick vom Beckenrand abzudrücken. Da ertönt das Startsignal: Die Spieler sprinten unter Wasser auf den Ball zu. Die langen Flossen peitschen durch das Wasser. Der Spieler mit der Nr. 10 in blauer Spielkleidung ist als erster am Ball. Er spielt ihn nach rechts, wo sein Mitspieler mit der Nr. 6 mitgeschwommen ist und den Ball annimmt.

Dienstagabend beim Training der Unterwasserrugbymannschaft des 1. Paderborner Schwimmvereins in der Westfalen Therme in Bad Lippspringe. Gespielt wird mit einem Plastikball, der mit Salzwasser gefüllt ist. Er ist so groß ist wie ein Handball, sinkt etwa einen Meter pro Sekunde und sieht aus wie ein klassischer Fußball. An den gegenüberliegenden Längsseiten der Sprunggrube des Hallenbads steht jeweils ein schwerer, gepolsterter Metallkorb mit einem Durchmesser von 40 Zentimetern in 3,80 m Tiefe, in den der Ball hineinmuss. Ein Spiel dauert zweimal 15 min reine Spielzeit.

Die Spieler sind mit Flossen, Schnorchel und Maske ausgerüstet und tragen blaue oder weiße Wasserball-Kappen mit Ohrenschützern und blaue oder weiße Spielkleidung. Jede Mannschaft hat sechs Spieler und sechs Auswechselspieler. Gewechselt wird fliegend wie beim Eishockey. Beim Unterwasserrugby sind auch gemischtgeschlechtliche Teams erlaubt.

Unterwasserrugby ist das einzige Ballspiel, bei dem in drei Dimensionen gespielt wird. Dabei ist eine gute Orientierung erforderlich. Der Gegner kann von überall kommen: von oben, von unten, von der Seite, aus allen Himmelsrichtungen. Wichtig ist ein gutes Positionsspiel: Die Mitspieler müssen sich freischwimmen und sich dem ballführenden Spieler zum Abspiel anbieten. Dieser stößt den Ball in Richtung Ziel, etwa wie beim Kugelstoßen. Über 2 bis 3 m kann man den Ball zielgenau passen. Je länger ein Pass aber wird, desto leichter kann der Gegner diesen abfangen. Zudem muss der Ball immer unter Wasser bleiben und darf nicht über die Wasseroberfläche hinausgehoben werden.

Mit dem Ball nach vorne schwimmen, abspielen, nach oben und einmal Luft holen und sich wieder anbieten. Das mehrmals und dann auswechseln. So in etwa ist der Spielrhythmus. Angriff und Verteidigung wechseln sich bei etwa gleich starken Mannschaften beständig ab. Dabei ist das Spiel relativ schnell. Durch die Flossen sind die Spieler unter Wasser sehr wendig und kommen schnell voran.

Die Mannschaft mit der blauen Spielkleidung hat den gegnerischen Angriff vor dem eigenen Tor abgefangen und startet zum Konter. Zwei Spieler sprinten auf das gegnerische Tor zu. Die Nr. 3 hält sich links, die Nr. 7 orientiert sich dagegen nach rechts. Der Torwart ist längs abgetaucht und bewacht halb sitzend, halb liegend seinen Korb. Der ballführende Spieler darf angegriffen werden und selbst den Torwart attackieren und versuchen, diesen vom Korb wegzuziehen. Der rechte Spieler mit der Nr. 7 packt den Torwart am Fußgelenk und versucht, diesen nach vorn zu ziehen, um dann den Ball unter dem Torwart her auf die linke Seite des Korbes zu spielen, wo die Nr. 3 links bereits wartet und den Ball in den Korb drücken möchte. Doch der rechte Spieler ist zu langsam. Ein Verteidiger kommt aus dem toten Winkel angeschwommen und entreißt ihm von schräg hinten den Ball. Der Angriff ist gescheitert.

Auch bei diesem harten Sport gibt es Regeln: Körperliche Attacken dürfen nur gegen den ballführenden Spieler erfolgen beziehungsweise von diesem ausgehen. Dabei dürfen die Spieler nicht an ihrer Ausrüstung angegriffen werden. Auch das Festhalten am Korb ist verboten, ebenso wie rohe Gewalt: Beißen, Kratzen, Treten, Schlagen, Würgen oder übermäßiges Verdrehen der Gliedmaßen gelten als Foul, das je nach Schwere eine zweiminütige Zeitstrafe auf der Strafbank nach sich ziehen kann.

Die wichtigsten Eigenschaften, über die ein Spieler verfügen muss, sind Übersicht, Kraft, Schnelligkeit, Wendigkeit und Ausdauer. Es ist gut, wenn man lange die Luft anhalten kann. Insgesamt braucht man beim Unterwasserrugby eine sehr gute Kondition, um sich über etwa 2 min im Wasser völlig zu verausgaben und sich in den folgenden etwa 2 min auf der Wechselbank wieder zu erholen.

Unterwasserrugby entstand in den 60iger-Jahren in Deutschland. Das erste Match gab es 1964 zwischen der DLRG Mülheim an der Ruhr und dem DUC Duisburg. 1973 wurde die Sportart international und die erste Weltmeisterschaft fand 1980 statt.

Das effektivste Foul ist übrigens ein seitlicher Stoß gegen die Maske des Gegners, sodass diese voll Wasser läuft und erst wieder ausgeblasen werden muss. Dadurch ist der gefoulte Gegner für einige Sekunden außer Gefecht. Aber wehe, ein Spieler wird dabei erwischt. Dann gibt es eine 2-minütige Zeitstrafe. Zwar ist Unterwasserrugby ein harter, kampfbetonter Sport, doch schwere Verletzungen bleiben in der Regel aus. „Kratzer, Prellungen und blaue Flecken gibt es häufig, doch das Wasser dämpft die Schläge und Tritte, die man regelmäßig abbekommt", betont der Paderborner Spieler Lars Keller nach dem Training. Er ist 38 Jahre alt und betreibt den Sport schon seit über 20 Jahren, weil „Unterwasserrugby süchtig macht".

Es gibt drei Schiedsrichter: Zwei unter Wasser mit Pressluft und einen Überwasserschiedsrichter, der das Spiel leitet. Alle drei sind mit einer elektrischen Hupe ausgestattet. Wenn die Hupe zweimal hintereinander ertönt, ist ein Tor gefallen.

Strafstoß. Der Mittelstürmer der Mannschaft in Weiß in der Mitte des Beckens und der blaue Torwart am Beckenrand über seinem Tor lauern beide an der Wasseroberfläche. Wenn das Hupsignal ertönt, hat der ausführende Spieler 45 s Zeit, den Strafstoß durchzuführen. Er schwimmt an der Wasseroberfläche auf den Torwart zu und zwingt diesen so abzutauchen. Dann wartet er noch einen Moment, bis er seinen Angriff startet. Er sprintet mit dem Ball in seiner rechten Hand auf den Torwart zu und versucht, diesen mit der Linken am Genick zu packen und vom Tor wegzuziehen. Doch der Torwart wehrt seinen Griff erfolgreich ab. Jetzt wühlt sich der Angreifer unter den Torwart und versucht, diesen mit seinen Schultern hochzudrücken. Mit Erfolg. Dann ist der Ball im Korb. Es steht 1:0 für die Mannschaft in Weiß.

„Wenn du keine Luft mehr hast, musst du noch mal auf den Schnorchel beißen und das Letzte aus dir rausholen", sagt Lars Keller später. Nach dem Training in der Kneipe erzählt der Realschullehrer, der viel Erfahrung im Unterwasserrugby hat, dass die Paderborner Mannschaft letztes Jahr nur knapp die Endrunde zur Deutschen Meisterschaft verpasst hat. Aber vielleicht funktioniert es ja dieses Jahr.

Insgesamt hat mir das Fernstudium Journalismus an der Freien Journalistenschule in Berlin viel Freude bereitet.

Und nun wollte ich mich am Markt als freiberuflicher Journalist etablieren. Um endlich meinen Traum, vom Schreiben leben zu können, wahr zu machen.

6

Von Absagen und Rückschlägen: Keine Chance als freier Journalist

Freie Journalisten sind unabhängige Journalisten ohne feste Anstellung. Sie arbeiten als Selbstständige für verschiedene Auftraggeber und genießen dadurch die Freiheit, sich auf bestimmte Themen zu spezialisieren, ihre Arbeitszeiten anzupassen und die Themen für ihre Beiträge selbst zu wählen.

Um sich auf dem Markt der freien Journalisten zu positionieren, ist es wichtig, ein Alleinstellungsmerkmal zu haben, einen sogenannten USP. USP steht für „Unique Selling Proposition" oder „Unique Selling Point", auf Deutsch „Einzigartiges Verkaufsargument".

Im Journalismus kann ein USP verschiedene Formen annehmen. Es kann sich um eine besondere Expertise oder Spezialisierung handeln, beispielsweise, wenn eine bestimmte Nachrichtenorganisation über ein bestimmtes Thema oder eine bestimmte Region besonders gut informiert ist. Ein USP kann auch in einem einzigartigen journalistischen Ansatz liegen, sei es durch investigative Recherchen, originelle Berichterstattung oder innovative Präsentationsformen. Ziel des USP ist es, sich einen Wettbewerbsvorteil zu verschaffen.

Der USP ist wichtig, um im Wettbewerbsumfeld des Journalismus hervorzustechen und die Aufmerksamkeit der Leser, Zuschauer oder Zuhörer zu gewinnen. Indem sie etwas anbieten, das andere Medien bzw. Journalisten nicht haben, können freie Journalisten sich durch einen USP von der Konkurrenz abheben und bestimmte Medien an sich binden.

Schnelligkeit, Seriosität und Zuverlässigkeit sind dabei grundlegende Anforderungen, die überall erwartet werden.

Es ist ratsam, sich bereits vor dem Schritt in die Selbstständigkeit Gedanken über die Positionierung und den eigenen USP zu machen, da jeder sich als „Journalist" bezeichnen kann, weil diese Berufsbezeichnung nicht geschützt ist. Mir schwebte dabei vor, mich auf Finanz- und Geldanlagethemen, zu spezialisieren, insbesondere ETFs.

Der Markt für freie Journalisten ist jedoch bereits gut besetzt, mit etwa 25.000 „Freien" nach Schätzungen des *Deutschen Journalisten-Verbandes*. Freie Journalisten verkaufen ihre fertigen Artikel und Beiträge an interessierte Medien oder arbeiten auf Honorarbasis an bestimmten Themen.

Im Gegensatz zu festangestellten Journalisten erhalten sie kein festes Gehalt, sondern ihr Verdienst hängt vollständig von ihren individuellen Aufträgen ab. Das Einkommen freier Journalisten ist in der Regel nicht hoch. Laut Angaben der Künstlersozialkasse liegt das Durchschnittseinkommen bei 13.570 € pro Jahr,[1] wovon man kaum leben kann, sodass man auf Nebenjobs angewiesen ist.

Zunächst informierte ich mich ausführlich über eine Existenzgründung als freier Journalist. Dabei stellte ich fest, dass es mehrere Journalistenverbände gab, bei denen ich dies tun konnte:

- Die *Deutsche Journalistinnen- und Journalisten-Union (dju)* ist die Journalistenorganisation im Deutschen Gewerkschaftsbund und gehört zur Gewerkschaft ver.di. Dort wurde das Seminar „Existenzgründung für Journalisten, Medienberufler und Künstler" angeboten.
- Der *Deutsche Journalistenverband (DJV)* ist eine Gewerkschaft und Berufsverband mit Sitz in Berlin. Er sieht sich als Vertretung aller hauptberuflichen Journalisten, unabhängig von ihrem Tätigkeitsbereich. Um Mitglied beim DJV zu werden, muss man hauptberuflich als Journalist tätig sein. Da ich plante, mich als freier Journalist niederzu-

---

[1] Tönnesmann und Rettig (2009).

lassen, kam auch der DJV für mich nicht in Frage. Neben den üblichen Aufgaben eines Verbands setzt sich der DJV zusätzlich für Presse- und Informationsfreiheit sowie die Qualität der Aus- und Weiterbildung im Journalismus ein.

- Der *Deutsche Fachjournalisten-Verband (DFJV)* ist ein Berufsverband und Dienstleister für etwa 10.000 Journalisten, die sich auf ein bestimmtes Fachgebiet spezialisiert haben. Hier wurde ich später Mitglied und erhielt unter anderem meinen Presseausweis, den ich jedoch nie brauchte. Der Ausweis erleichtert einem die Akkreditierung oder den Zutritt zu Bereichen, die für das öffentliche Publikum gesperrt sind.
- *Freischreiber* ist ein Berufsverband speziell für freie Journalisten. Er wurde 2008 gegründet, um deren Arbeit wertzuschätzen. Freie Journalisten sind unverzichtbar, um die Seiten, Sendeplätze und Plattformen der deutschen Redaktionen zu füllen. Allerdings versuchen viele Auftraggeber, ihre Honorare zu senken und ihnen die Rechte an ihren Werken abzunehmen. *Freischreiber* setzt sich dafür ein, dass freie Journalisten angemessen bezahlt werden und ihre Arbeit geschätzt wird.

Mitglied werden kann jede Person, die hauptberuflich als freier Journalist tätig oder ein vergleichbarer journalistischer Unternehmer ist. Um den Status als ordentliches Mitglied zu erhalten, sind entweder ein Nachweis über die Mitgliedschaft in der Künstlersozialkasse (KSK) im Bereich W04 oder zwei der folgenden vier Belege erforderlich, zusammen mit der Nennung einer/s Befürworterin/s von *Freischreiber*:

1. Ein gültiger Presseausweis.
2. Ein Nachweis über eine abgeschlossene journalistische Ausbildung.
3. Drei aktuelle Arbeitsproben von unterschiedlichen journalistischen Auftraggebern.
4. Zwei aktuelle Honorarnachweise von unterschiedlichen journalistischen Auftraggebern.

Ich nahm an einem Online-Seminar der *dju* teil, wo es um die Existenzgründung als freier Journalist ging. Das Seminar sollte den Teilnehmern Wissen über die Rahmenbedingungen einer selbstständigen Tätigkeit in den Bereichen Medien und künstlerische Berufe verschaffen.

Das Ziel des Seminars bestand darin, den Teilnehmern die Fähigkeit zu vermitteln, die Chancen und Risiken einer Selbstständigkeit einzuschätzen und die spezifischen Merkmale ihrer Berufsgruppe zu erkennen und zu nutzen.

Anschließend versuchte ich, einen Fuß in die Tür überregionaler Zeitungen zu bekommen. Dabei dachte ich noch eher an Printmedien, da ich ja schreiben wollte. Online-Medien hatte ich dabei zunächst weniger auf dem Schirm. Rundfunk und Fernsehen kamen für mich auch nicht in Betracht.

Doch meine Bewerbungen bei der *FAZ*, *Welt*, *SZ*, *Handelsblatt*, *Spiegel* und *Zeit* wurden nicht erhört; ich konnte froh sein, wenn ich überhaupt ein Feedback in Form einer Absage erhielt.

Es war die Zeit der Medienkrise, in der sich Online-Journalismus immer mehr durchsetzte und viele Printmedien Stellen abbauten. Man denke nur an den Niedergang des ehemals glorreichen Verlagshauses Gruner + Jahr (G + J), der vor etwa 20 Jahren seinen Anfang nahm (Renner 2021).

Irgendwo in der Geschichte des einst angesehenen Hamburger Verlages musste ein entscheidender Fehler oder gleich eine Kette an Fehlern passiert sein. Dieses Ereignis hat den unaufhaltsamen Niedergang des Verlagshauses eingeleitet. Die Bekanntgabe einer noch engeren Zusammenarbeit zwischen RTL und Gruner + Jahr markiert für den Verlag das vorläufige Ende dieses Abstiegs.

Seit den frühen 2000er-Jahren war ein allmähliches Dahinsiechen zu beobachten. Der Umsatz des Verlags schrumpfte von einst drei Milliarden Euro auf etwas mehr als eine Milliarde Euro. Der Verlag zog sich aus dem internationalen Geschäft zurück und konnte keine effektive Digitalstrategie für seine einst renommierten Magazine wie den „Stern", „Schöner Wohnen" oder „Brigitte" entwickeln (Baetz 2021).

Wie man es auch betrachtet, wird die Fusion höchstwahrscheinlich das Ende des traditionsreichen Verlags Gruner + Jahr bedeuten, wie er früher unter Gerd Schulte-Hillen bekannt war.

Aufgrund dieser Tendenzen war der Markt voller – auch frisch freigesetzter – Journalisten, die häufig beste Kontakte zu Medien hatten und reichlich Erfahrung, die ich nicht vorweisen konnte. Doch diese waren meine Mitbewerber am Markt für freie Journalisten.

Es gibt mehrere Gründe, warum freie Journalisten es oft schwer haben und in der Regel wenig verdienen:

1. Wettbewerb: Die Medienbranche ist stark umkämpft, insbesondere im digitalen Zeitalter, wo jeder mit einem Blog oder einer Social-Media-Präsenz Informationen und Meinungen verbreiten kann. Die hohe Anzahl an freien Journalisten führt zu einem intensiven Wettbewerb um Aufträge und Positionen.
2. Preisdruck: Aufgrund des Überangebots an freien Journalisten sind die Honorare oft niedrig. Viele Medienunternehmen sind gezwungen, ihre Ausgaben zu reduzieren, und setzen daher auf kostengünstige freie Mitarbeiter, um Inhalte zu erstellen.
3. Unsichere Einkommensquellen: Freie Journalisten arbeiten oft auf Projektbasis und haben keine festen Gehälter oder langfristigen Arbeitsverträge. Es kann schwierig sein, kontinuierlich genug Aufträge zu bekommen, um ein stabiles Einkommen zu gewährleisten.
4. Zeitaufwand: Die Recherche, das Schreiben und die Veröffentlichung von Artikeln erfordern viel Zeit und Mühe. Freie Journalisten müssen oft viele Stunden investieren, um einen gut recherchierten und qualitativ hochwertigen Artikel zu erstellen, haben jedoch keine Garantie, dass sie dafür angemessen entlohnt werden.
5. Abhängigkeit von Auftraggebern: Freie Journalisten sind oft von einer begrenzten Anzahl von Medienunternehmen oder Auftraggebern abhängig. Wenn diese Unternehmen ihre Budgets kürzen oder ihre Strategie ändern, kann dies zu einem Verlust von Aufträgen und Einkommensquelle führen.
6. Mangelnde soziale Absicherung: Als selbstständige Arbeitnehmer haben freie Journalisten oft keinen Zugang zu den sozialen Absicherungen, die festangestellte Mitarbeiter erhalten, wie beispielsweise Krankenversicherung oder bezahlten Urlaub.
7. Saisonale Schwankungen: Die Nachfrage nach bestimmten journalistischen Themen kann saisonalen Schwankungen unterliegen, was zu unregelmäßigen Einkommensströmen führen kann.
8. Unbezahlte Arbeit: In einigen Fällen werden freie Journalisten gebeten, unbezahlte oder schlecht bezahlte Praktika oder Probearbeiten zu absolvieren, um in die Branche einzusteigen oder sich einen Namen zu machen.

Trotz dieser Herausforderungen gibt es auch freie Journalisten, die erfolgreich sind und gut verdienen. Dies erfordert oft eine Kombination aus Talent, Beharrlichkeit, Networking und der Fähigkeit, sich auf Nischen oder spezialisierte Themen zu konzentrieren, die weniger Wettbewerb haben. Einige freie Journalisten entscheiden sich auch dafür, ihre Arbeit unabhängig zu veröffentlichen, indem sie eigene Blogs oder andere Plattformen nutzen, um ihre Inhalte einem breiteren Publikum zugänglich zu machen und möglicherweise alternative Einnahmequellen zu erschließen.

Zum Glück erkannte ich das frühzeitig und schwenkte um. Ich beschloss einen eigenen Blog zu gründen, statt erfolglos zu versuchen, am Markt als freier Journalist zu reüssieren.

Zwar wusste ich zu der Zeit noch nicht, wie man einen Blog technisch aufsetzt und betreibt, doch ließ ich mich dadurch nicht abschrecken; zumal ich in der Vergangenheit nur wenige Probleme mit Computertechnik gehabt hatte, die ich nicht selbst hatte lösen können.

Literatur

Baetz B (2021) Der Untergang eines Traditionshauses. In: Deutschlandfunk Kultur, Aus dem Podcast Fazit. https://www.deutschlandfunkkultur.de/gruner-jahr-der-untergang-eines-traditionshauses-100.html. Zugegriffen am 03.09.2024

Renner K-H (2021) Wo der Niedergang von Gruner + Jahr seinen Ausgang nahm. In: Berliner Zeitung. https://www.berliner-zeitung.de/kultur-vergnuegen/tv-medien/wo-der-niedergang-von-gruner-jahr-seinen-ausgang-nahm-li.139235. Zugegriffen am 03.09.2024

Tönnesmann J, Rettig D (2009) Fünf Selbstständige, die es geschafft haben. https://www.wiwo.de/erfolg/trends/freiberufler-fuenf-selbststaendige-die-es-geschafft-haben/5527910.html. Zugegriffen am 11.07.2023

7

Die Gründung meines Finanzblogs

Im März 2015 beendete ich mein Fernstudium Journalismus als *Fachjournalist (FJS)* und im Mai desselben Jahres startete ich den Finanzblog *ETF-Blog.com*.

7.1 Warum ETFs?

Für das Thema ETFs habe ich mich entschieden, da ich im Jahr 2013 zum ersten Mal etwas über Exchange Traded Funds in der *FAZ*[1] gelesen hatte und sofort von der Idee dieser Fonds fasziniert war. Es handelt sich bei ETFs um eine Form der Geldanlage, wie ich sie mir für mich schon immer gewünscht habe.

---

[1] Abkürzung der *Frankfurter Allgemeinen Zeitung*.

7.1.1 Börsengehandelte Indexfonds

Ein ETF ist ein Investmentfonds, der an einer Börse gehandelt wird und eine Vielzahl von Vermögenswerten wie Aktien, Anleihen, Rohstoffe oder Immobilien bündeln kann.

ETFs bilden einfach einen beliebigen Börsenindex wie zum Beispiel den DAX oder den S&P 500 passiv nach – das heißt, ohne teuren Fondsmanager, der stets aktiv Anlageentscheidungen trifft und den Markt in Form eines Referenzindex schlagen möchte. Doch belegen inzwischen zahlreiche Studien, dass das Gros aktiv gemanagter Fonds dieses Ziel nach Kosten nicht erreicht.[2]

Börsengehandelte Indexfonds – so die deutsche Übersetzung des angelsächsischen Begriffs Exchange Traded Funds – sind einfach zu verstehen, transparent und sehr flexibel. Und man muss sich nicht ständig um sie kümmern. Ein Rebalancing[3] pro Jahr reicht in der Regel vollkommen aus.

Damit handelt es sich um eine kostengünstige und pflegeleichte Anlageform, ideal für Privatanleger. ETFs und ETF-Sparpläne sind die bedeutendste Innovation im Geldanlagebereich der letzten 30 Jahre.

ETFs haben die Art und Weise, wie Menschen in Finanzmärkte investieren, revolutioniert. Hier sind einige Merkmale und Vorteile von ETFs:

1. Diversifikation: ETFs bieten Anlegern eine einfache Möglichkeit, in einen breiten Markt oder Sektor zu investieren. Indem sie eine Vielzahl von Vermögenswerten halten, verringern ETFs das spezifische Risiko einzelner Wertpapiere und tragen zur Risikostreuung bei.
2. Liquidität: ETFs werden den ganzen Tag über an Börsen gehandelt, ähnlich wie Aktien. Dadurch können Anleger ihre Anteile leicht kaufen oder verkaufen, ohne auf die tägliche Abrechnung zu warten.
3. Transparenz: ETFs veröffentlichen täglich ihre Bestände, sodass Anleger genau wissen, in welche Unternehmen oder Anlagen sie investieren.

---

[2] Einen Überblick über ausgewählte Studien liefert u. a. Kommer 2018, S. 14 ff.
[3] Rebalancing bezeichnet den Prozess, bei dem ein Portfolio wieder in sein Gleichgewicht gebracht wird. Dies geschieht, weil kontinuierliche Kursschwankungen an den Börsen dazu führen, dass sich die Zusammensetzung des Portfolios im Vergleich zur ursprünglichen Struktur verändert. Rebalancing bedeutet, das Portfolio wieder in seine ursprüngliche Zusammensetzung zurückzuführen.

4. Niedrige Kosten: ETFs haben in aller Regel niedrigere Verwaltungskosten als aktiv verwaltete Investmentfonds, da sie einen passiven Anlageansatz verfolgen.
5. Steuerliche Effizienz: Durch den speziellen Konstruktionsmechanismus sind ETFs steuerlich oft effizienter als traditionelle Investmentfonds. Dies liegt daran, dass ETFs weniger häufig Wertpapiere verkaufen und dadurch potenzielle Steuerfolgen reduzieren.
6. Flexibilität: Anleger können ETFs auf verschiedene Weisen nutzen, z. B. für langfristige Investitionen, kurzfristiges Trading oder zur Absicherung von Portfolios.
7. Internationale Reichweite: ETFs ermöglichen es Anlegern, in eine Vielzahl von Märkten auf der ganzen Welt zu investieren, einschließlich Schwellenländern und Nischenmärkten.

Die Beliebtheit von ETFs ist in den letzten Jahrzehnten exponentiell gewachsen. Ihre einfache Handhabung, Kosteneffizienz und Vielseitigkeit haben viele Anleger dazu veranlasst, traditionelle Investmentfonds durch ETFs zu ersetzen oder sie in ihre Portfolios aufzunehmen.

Der globale Markt für ETFs ist zu einem riesigen Segment der Finanzindustrie geworden und wird auch in Zukunft eine bedeutende Rolle bei der Geldanlage spielen. Allerdings sollten Anleger vor einer Investition in ETFs ihre Ziele und Risikobereitschaft sorgfältig abwägen und sich über die spezifischen Merkmale und Kosten der jeweiligen ETFs informieren.

Der erste Exchange-Traded Fund (ETF) wurde am 22. Januar 1993 aufgelegt. Der Name des ersten ETF lautet *SPDR S&P 500 ETF* (auch bekannt als SPDR S&P 500 Trust) und er repliziert die Performance des S&P 500 Index, der die 500 größten US-amerikanischen Aktien umfasst. Die Abkürzung *SPDR* steht für *Standard & Poor's Depositary Receipts*.

Dieser bahnbrechende ETF wurde von *State Street Global Advisors* in den USA aufgelegt. Der *SPDR S&P 500 ETF* wurde ursprünglich an der American Stock Exchange (AMEX) gelistet und ermöglichte Anlegern erstmals, eine diversifizierte Beteiligung am Aktienmarkt zu erwerben, indem sie Anteile eines einzigen Fonds kauften, der den S&P 500 Index nachbildet.

Die Einführung des ersten ETFs markierte einen Meilenstein in der Investmentbranche und führte zu einer Revolution im Bereich der passiven Anlagen. ETFs haben sich seitdem weltweit verbreitet und sind heute in vielen verschiedenen Märkten und Anlageklassen erhältlich, darunter Aktien, Anleihen, Rohstoffe und Immobilien. ETFs haben Anlegern eine breite Palette von Investitionsmöglichkeiten eröffnet und sind zu einem bedeutenden Instrument für Privatanleger und institutionelle Investoren gleichermaßen geworden.

In Deutschland wurden ETFs im Jahr 2000 zugelassen. Waren es damals gerade einmal drei ETFs, werden heute allein an der Frankfurter Börse 2643 Exchange Traded Products gehandelt (siehe Abb. 7.1).

ETFs sind Investmentfonds, die an Börsen gehandelt werden und an einen bestimmten Index gebunden sind, was ihnen ein passives Fondsmanagement verleiht. Sie sind in der Regel kostengünstiger als traditionelle Publikumsfonds und zeichnen sich durch hohe Transparenz und Handelbarkeit aus. Ein entscheidender Vorteil von ETFs ist, dass sie rechtlich als Sondervermögen gelten, was bedeutet, dass sie nicht von den Risiken des Emittenten abhängen.

Mit einer breiten Palette von derzeit 2060 ETFs können Anleger in nahezu jedes Land, jede Region oder Branche investieren und aus verschiedenen Anlagestrategien wählen.

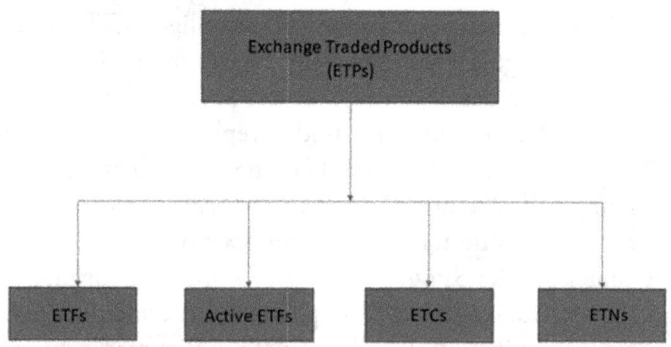

Abb. 7.1 Exchange traded products (ETPs: ETFs (2060) (https://www.boerse-frankfurt.de/etfs/etfs am 18.08.2024), Active ETFs (148) (https://www.boerse-frankfurt.de/etfs/active-etfs am 18.08.2024), ETCs (192) (https://www.boerse-frankfurt.de/etfs/etcs am 18.08.2024), ETNs (243) (https://www.boerse-frankfurt.de/etfs/etns am 18.08.2024))

7.1.2 Active ETFs

Active ETFs, auch bekannt als aktiv verwaltete ETFs, sind eine Variante der traditionellen Exchange Traded Funds (ETFs). Im Gegensatz zu passiven ETFs, die einen bestimmten Index nachbilden und eine statische Portfoliokonstruktion haben, haben aktive ETFs ein aktives Fondsmanagement. Das bedeutet, dass ein Fondsmanager oder ein Team von Fondsmanagern aktiv Entscheidungen über die Zusammensetzung des Portfolios treffen, um eine Outperformance gegenüber einer bestimmten Benchmark oder einem Index zu erzielen.

Hier sind einige Merkmale und Aspekte von aktiven ETFs:

1. Aktives Management: Anders als passive ETFs, deren Portfolios einfach die Zusammensetzung des zugrunde liegenden Index widerspiegeln, werden bei aktiven ETFs aktiv Anlageentscheidungen getroffen. Fondsmanager haben die Flexibilität, in eine breite Palette von Wertpapieren zu investieren, die nicht unbedingt in einem bestimmten Index enthalten sein müssen.
2. Anlagestrategien: Aktive ETFs können verschiedene Anlagestrategien verfolgen, darunter Wachstumsinvestitionen, Value-Investing, ESG (Environmental-, Social-, Governance-)Ansätze, sektorale Rotationen und vieles mehr.
3. Renditeziel: Das Hauptziel eines aktiven ETFs besteht darin, eine überdurchschnittliche Rendite im Vergleich zu einem Benchmark oder einem relevanten Index zu erzielen. Die Fondsmanager bemühen sich, durch aktive Auswahl von Wertpapieren und Timing der Marktentwicklungen eine Mehrrendite für die Anleger zu erzielen.
4. Kosten: Die Verwaltungskosten von aktiven ETFs können tendenziell höher sein als die von passiven ETFs, da aktive Fondsmanager zusätzliche Recherchen und Analysen betreiben, um ihre Anlagestrategien umzusetzen.
5. Transparenz: Aktive ETFs können im Hinblick auf die Offenlegung ihrer aktuellen Portfolios weniger transparent sein als passive ETFs, da Fondsmanager ihre Positionen nicht so häufig offenlegen müssen wie bei passiven ETFs.

6. Liquidität: Wie bei allen ETFs können Anleger aktive ETFs während der Handelszeiten an Börsen kaufen und verkaufen. Die Liquidität hängt jedoch von der Beliebtheit des ETFs und dem gehandelten Volumen ab.

Active ETFs bieten den Vorteil der Flexibilität und des aktiven Managements, was für Anleger von Interesse sein kann, die von den Fähigkeiten und dem Fachwissen eines Fondsmanagers profitieren möchten. Es ist jedoch wichtig zu beachten, dass aktives Management nicht immer eine Outperformance gegenüber passiven Anlagestrategien garantiert. Investoren sollten ihre Anlageziele und Risikobereitschaft sorgfältig abwägen und die Kosten sowie die Performance-Geschichte des aktiven ETFs genau prüfen, bevor sie sich für eine Investition entscheiden.

7.1.3 ETCs und ETNs

ETCs (Exchange Traded Commodities) und ETNs (Exchange Traded Notes) gehören ebenfalls zu den Exchange Traded Products (ETPs), werden jedoch anders konstruiert als ETFs. ETCs sind börsengehandelte Schuldverschreibungen, die die Preisentwicklung von Rohstoffen abbilden und üblicherweise durch physische Hinterlegung von Rohstoffen oder Sicherheiten besichert sind.

ETNs sind ähnlich wie ETCs, aber sie bilden oft Volatilitäten oder Währungspaare ab. Sie können besichert oder unbesichert sein. Anders als bei ETFs sind die in ETCs und ETNs investierten Mittel keine Sondervermögen, sondern Schuldverschreibungen. Dies bedeutet, dass bei unbesicherten Produkten ein Ausfallrisiko des Emittenten besteht.

Trotz des Risikos ermöglicht die Konstruktion von ETCs und ETNs den Anlegern, in exotischere Wertpapiere und Marktindikatoren zu investieren, die mit ETFs nicht verfügbar sind, wie beispielsweise Volatilitätsindizes oder Devisen (Währungen).

Als ich meinen Internetblog *ETF-Blog.com* startete, waren diese Indexfonds in der deutschen Bevölkerung noch ziemlich unbekannt. Es gibt sie in Deutschland erst seit dem Jahr 2000. Mein Ziel war und ist, dieses zu ändern. Ich wollte und will zur Verbreitung von Finanzwissen beitragen, das weder an Schulen noch Universitäten in Deutschland systematisch gelehrt wird.

Zu diesem Zweck hatte ich bereits meine Abschlussarbeit bei der *Freien Journalistenschule Berlin* über ETFs verfasst und später auf *Focus Online* veröffentlicht (Nawatzki 2016). Außerdem war mir direkt klar, dass ich einen Finanzblog gründen wollte. 2015 gab es bereits eine ganze Reihe an Finanzblogs, aber bei weitem nicht so viele wie heute, wo es mehrere hundert solcher Blogs allein in deutscher Sprache gibt.[4] Damals waren es so um die 30 bis 40 Finanzblogs. Ich hatte mal zum Zwecke der Konkurrenzbeobachtung eine Excel-Tabelle angelegt, aber bei ungefähr 80 Einträgen habe ich aufgehört, diese fortzusetzen.

7.2 Der Blog

Alles begann mit der Auswahl einer Domain, eines Providers für deren Hosting und eines Themes für den Blog.[5] Das Logo entwarf ich selbst mit dem Designtool canva.com. Und als Content-Management-System (CMS) wählte ich WordPress, weil es vielfach empfohlen wurde, als Open-Source-Projekt kostenlos ist und weil ich schon mal einen Vortrag darüber besucht hatte.

Zu der Zeit, als ich meinen Blog gründete, gab es einen Online-Kurs namens Blog-Camp von *Sebastian Canaves* (Singhal 2014), der mir half, Schritt für Schritt vorwärtszugehen. 10 Module, 100 Lektionen und 35 Videos: Der Blog-Camp-Onlinekurs gab Wissen, Tools und Tipps von zwei erfolgreichen Reisebloggern weiter.

Auch auf der Website *selbstständig-im-netz.de* fand ich viele nützliche Tipps.[6] Noch heute besuche ich diese Seite gelegentlich.

---

[4] Vgl. https://finanz-heldinnen.de/magazin/finanzblogs-fuer-finanzbildung (Zugriff 03.09.2024).
[5] Inzwischen habe ich das Theme mehrfach gewechselt und verwende aktuell das Theme GeneratePress in der Premium-Version.
[6] https://www.selbstaendig-im-netz.de/blog-starten-schritt-fuer-schritt-zum-erfolgreichen-blog/ (Zugriff 11.07.2023).

Wenn du einen Blog gründen willst, kannst du wie folgt vorgehen:

1. Finde ein interessantes Thema für deinen Blog.
2. Wähle eine geeignete Blog-Plattform aus.
3. Suche nach einem Hosting-Anbieter.
4. Entscheide dich für einen passenden Domain- und Blognamen.
5. Installiere WordPress auf deinem Hosting-Server.
6. Gestalte und konfiguriere deinen WordPress-Blog nach deinen Vorlieben.
7. Verfasse deinen ersten Blogartikel.

Um langfristigen Erfolg als Blogger zu gewährleisten, ist es notwendig, zwei Strategien zu verfolgen: Diversifizierung und das Anpassen an aktuelle Trends.

Das Internet ist äußerst dynamisch, weshalb Kanäle, die gestern noch zahlreiche Besucher anlockten, heute an Relevanz verlieren können. Große Plattformen wie Google, Facebook und Instagram ändern regelmäßig ihre Algorithmen, was sich auf den Traffic auswirken kann.

Ebenso unterliegen die Einkommensquellen als Blogger einem ständigen Wandel. Google AdSense beispielsweise erzielt heutzutage nicht mehr die gleichen Einnahmen wie vor fünf bis zehn Jahren, da viele Nutzer Ad-Blocker installiert haben und seltener auf Bannerwerbung klicken.

Obwohl Native Advertising, wie zum Beispiel Sponsored Posts, weiterhin bei Unternehmen beliebt ist, gehen die Preise bereits wieder zurück, insbesondere bei Blogposts. Auf Plattformen wie Instagram, YouTube oder TikTok bleiben sie jedoch relativ stabil.

Weiterhin kannst du deinen WordPress-Blog mit einer Vielzahl von Plugins erweitern.

Ein WordPress-Plugin ist eine Erweiterung oder Zusatzfunktion, die in das CMS WordPress integriert werden kann. Es handelt sich um eine Softwarekomponente, die spezifische Funktionen und Eigenschaften zu einer WordPress-Website hinzufügt.

Es gibt Tausende von WordPress-Plugins, die für verschiedene Zwecke entwickelt wurden. Einige Beispiele umfassen Plugins für die Suchmaschinenoptimierung (SEO), die Verwaltung von Medieninhalten, die

Integration von Social-Media-Funktionen, die Erstellung von Kontaktformularen, die Optimierung der Ladezeiten und vieles mehr.

Plugins können über das offizielle WordPress Plugin-Verzeichnis oder von Drittanbieter-Entwicklern heruntergeladen und installiert werden. Sie können in der Regel über das WordPress-Dashboard (Verwaltungsoberfläche) verwaltet und konfiguriert werden.

Die Verwendung von WordPress-Plugins ermöglicht Website-Betreibern, ihre Websites nach ihren individuellen Bedürfnissen anzupassen und zusätzliche Funktionen hinzuzufügen, um die Benutzererfahrung zu verbessern.

Jedoch sollte man vorsichtig sein, da eine übermäßige Verwendung von Plugins zu Inkompatibilitäten führen kann. Dies kann wiederum dazu führen, dass dein Blog langsamer, instabiler und unsicherer wird.

Es ist empfehlenswert, nur die wirklich notwendigen Plugins zu installieren, wie zum Beispiel Rank Math für SEO, ein Cookie-Consent-Tool oder ein Backup-Plugin. Alle anderen Plugins sollten entfernt werden.

Es ist schwierig, eine allgemeine Richtlinie bezüglich der maximalen Anzahl von Plugins festzulegen, da dies auch von den Funktionen der einzelnen Plugins abhängt. Wenn du jedoch deutlich mehr als 20 Plugins installiert hast, ist es wahrscheinlich eine gute Idee, eine Überprüfung vorzunehmen und viele davon zu deaktivieren oder zu entfernen.

Zu Beginn schrieb ich jede Woche drei Blogartikel über die verschiedensten Aspekte der Geldanlage mit ETFs. Dabei orientierte ich mich bezüglich der Themenauswahl meiner Artikel daran, was potenzielle Leser meiner Meinung nach über ETFs wissen müssten. Von Keyword-Recherche und SEO verstand ich damals noch nichts.

Fachlich war ich auch eher noch ein Greenhorn, was das Thema börsengehandelte Indexfonds anging, und bezog mein Wissen vor allem aus den Büchern von *Gerd Kommer* (Kommer 2018, 2020 und 2022), dem deutschen ETF-Papst.

Inzwischen habe ich zahlreiche Bücher über ETFs in deutscher und englischer Sprache gelesen und verfüge über ein solides Wissen zum Thema. Darüber hinaus investiere ich seit Jahren regelmäßig in ETF-Sparpläne auf Welt-Aktien-ETFs, wie z. B. den Vanguard FTSE All

World UCITS ETF (USD) Accumulating (WKN[7] A2PKXG). Dabei habe ich als Finanzblogger, der inzwischen über 560 Blogartikel über die verschiedensten Aspekte der Geldanlage mit ETFs veröffentlicht hat, sicherlich einen Expertenstatus.

Um fachlich auf dem Laufenden zu bleiben, lese ich unter anderem das ETF-Magazin der Frankfurter Börse sowie das EXTRA Magazin der Website extraETF.com, einem ETF-Portal.

Damals waren Blogartikel in der Regel noch wesentlich kürzer als heute, so um die 350 bis 500 Worte. Heute sehe ich zu, dass ich nur Artikel mit mindestens 1200 Worten, aber auch deutlich mehr, verfasse, da lange Artikel bei Google besser ranken. Und das ist eine wichtige Voraussetzung dafür, dass zu bestimmten Suchbegriffen einzelne Artikel eines Blogs in der Google-Trefferliste möglichst weit vorne angezeigt werden. Auf diese Art und Weise gewinnt man als Blogger neue Leser.

Der Algorithmus von Google, nach dem die Suchmaschine die gefundenen Websites rankt, ist im Einzelnen unbekannt, soll aber mehrere hundert Variablen umfassen, von denen weniger als die Hälfte bekannt sind. Um diesen Algorithmus hat sich das Wissensgebiet Search Engine Optimization (SEO) etabliert, über das du als Blogger zumindest solide Grundkenntnisse haben solltest. Je mehr du über SEO weißt und umsetzt, desto besser.

Es braucht seine Zeit, um mit einem Blog Geld verdienen zu können. Zunächst verdienst du nichts und eine Leserschaft musst du dir erst aufbauen. Darüber hinaus muss man sich als Blogger ständig hinterfragen und stets bereit sein, dazuzulernen. Das ist eine notwendige Bedingung, um als Blogger Erfolg zu haben.

Obwohl es schwierig ist, mit einem Blog ein durchschnittliches Einkommen zu erzielen, genießen Blogger Freiheiten, von denen andere nur träumen können. Zusätzlich besteht die Möglichkeit, sich zum Internetunternehmer weiterzuentwickeln. Dazu sind jedoch neben guten Word-Press-Kenntnissen auch Kenntnisse in Suchmaschinenoptimierung (SEO) und Online-Marketing erforderlich.

---

[7] WKN steht für Wertpapierkennnummer.

Literatur

Kommer G (2018) Souverän investieren mit Indexfonds und ETFs – Wie Privatanleger das Spiel gegen die Finanzbranche gewinnen, 5., vollst. akt. Aufl. Campus, Frankfurt/New York

Kommer G (2020) Souverän Investieren vor und im Ruhestand. Campus, Frankfurt/New York

Kommer G (2022) Der Leichte Einstieg In Die Welt Der ETFs. FBV, München

Nawatzki J (2016) Rentendebakel vermeiden: Kostengünstig: So bauen Sie mit ETF-Sparplänen Ihre Altersvorsorge auf, auf focus.de. https://www.focus.de/finanzen/experts/juergen_nawatzki/renten-debakel-vermeiden-kostenguenstig-so-bauen-sie-mit-etf-sparplaenen-ihre-altersvorsorge-auf_id_5429756.html. Zugegriffen am 18.08.2024

Singhal D (2014) Schnelles Geld verdient man so nicht. In: Spiegel.de. https://www.spiegel.de/karriere/blog-camp-sebastian-canaves-erklaert-wie-man-bloggen-zum-job-macht-a-981798.html. Zugegriffen am 03.09.2023

8

Wordpress, SEO & Online-Marketing: Aller Anfang ist schwer

WordPress ist ein bekanntes und weit verbreitetes Content-Management-System (CMS), das ursprünglich für das Bloggen entwickelt wurde, aber mittlerweile für eine Vielzahl verschiedener Arten von Websites verwendet wird, darunter E-Commerce-Shops, News-Portale und Unternehmenswebsites. Es ist Open-Source-Software, was bedeutet, dass es von einer Gemeinschaft von Entwicklern kostenlos zur Verfügung gestellt wird.

WordPress ist bekannt für seine Benutzerfreundlichkeit, weshalb es oft die erste Wahl für Anfänger ist. Diese müssen keine Programmierer sein, um eine WordPress-Website zu erstellen. Es bietet eine intuitive, benutzerfreundliche Oberfläche, in der du Inhalte erstellen, bearbeiten und organisieren kannst, ohne eine einzige Zeile Code schreiben zu müssen.

Zwei zentrale Begriffe, die du in Verbindung mit WordPress kennen solltest, sind „Themes" und „Plugins". Themes bestimmen das Aussehen deiner Website und es gibt tausende kostenloser und kostenpflichtiger Themes, aus denen du wählen kannst. Plugins hingegen erweitern – wie in Abschn. 7.2 beschrieben – die Funktionalität deiner Website.

Sicherheit und Wartung sind weitere wichtige Aspekte von WordPress. Da es sich um Open-Source-Software handelt, ist es notwendig, dass du deine Website stets auf dem neuesten Stand hältst, um sicherzustellen, dass sie vor möglichen Sicherheitsbedrohungen geschützt ist. Hierzu gehört das regelmäßige Aktualisieren deiner WordPress-Version, Themes und Plugins.

Zusammenfassend lässt sich sagen, dass WordPress ein leistungsfähiges, flexibles und benutzerfreundliches CMS ist, ideal für Anfänger, die eine Website erstellen möchten. Mit seiner reichen Auswahl an Themes und Plugins kannst du eine professionelle Website erstellen, die deinen spezifischen Anforderungen entspricht.

Zunächst besaß ich keine Kenntnisse vom Bloggen mit CMS WordPress und musste mich Schritt für Schritt vorantasten. Dabei ist WordPress nicht schwierig zu erlernen, aber bis du die Feinheiten beherrschst, dauert es seine Zeit. In den ersten Wochen und Monaten als Blogger bin ich jede Woche mehrmals an einen Punkt gekommen, an dem ich zunächst nicht weiterwusste. Aber Google weiß alles. Zumindest fast alles.

8.1 Suchmaschinenoptimierung (SEO)

Von Suchmaschinenoptimierung (SEO) verstand ich anfangs gar nichts und musste hier erst nach und nach ein Basis-Know-how aufbauen. Dabei haben mir insbesondere der Blog und die Videos von `www.evergreenmedia.at` von Alexander Rus aus Innsbruck in Österreich sehr geholfen.

SEO ist ein wichtiger Bereich des Online-Marketings, der darauf abzielt, die Sichtbarkeit einer Website in den organischen (unbezahlten) Suchergebnissen von Suchmaschinen wie Google, Bing oder Yahoo zu verbessern. Wenn du dich mit SEO vertraut machen möchtest, gibt es einige grundlegende Konzepte, die du verstehen solltest:

1. Keywords: Keywords oder Suchbegriffe sind die Wörter oder Phrasen, die Benutzer in Suchmaschinen eingeben, um nach Informationen zu suchen. Eine effektive SEO-Strategie beinhaltet die Auswahl relevanter Keywords die oft von deiner Zielgruppe gesucht werden. Diese Keywords sollten in den Inhalten deiner Website verwendet werden. Es gibt spezielle SEO-Tools, wie unter anderem

8 WordPress, SEO & Online-Marketing: Aller Anfang ist schwer

Sistrix, ahrefs oder Seobility, die dich bei der Keyword-Analyse unterstützen.
2. On-Page SEO: Dies umfasst alle Optimierungen, die direkt auf deiner Website vorgenommen werden, um sie suchmaschinenfreundlicher zu gestalten. Dazu gehört die Verwendung relevanter Keywords in Überschriften, Meta-Beschreibungen, Titel-Tags und im Text selbst. Es ist auch wichtig, dass deine Website eine klare Struktur und eine benutzerfreundliche Navigation aufweist.
3. Off-Page SEO: Dies sind Maßnahmen, die außerhalb deiner Website ergriffen werden, um ihre Autorität und Bekanntheit zu steigern. Hierzu zählen Backlink-Aufbau (das Gewinnen von Links von anderen vertrauenswürdigen Websites, zum Beispiel durch Gastartikel), Social-Media-Marketing und andere Marketingstrategien, die den Ruf und die Sichtbarkeit deiner Website verbessern.
4. Technisches SEO: Dies bezieht sich auf die Optimierung technischer Aspekte deiner Website, um sie für Suchmaschinen leichter verständlich und zugänglich zu machen. Dazu gehört die Gewährleistung einer schnellen Ladezeit, einer mobilfreundlichen Website, einer sicheren Verbindung (HTTPS) und einer effizienten Indexierung durch Suchmaschinen-Bots.
5. Qualitätsinhalte: Suchmaschinen bevorzugen qualitativ hochwertige Inhalte, die den Bedürfnissen der Benutzer entsprechen. Erstelle informative, relevante und gut strukturierte Inhalte, die deiner Zielgruppe einen Mehrwert bieten.
6. Benutzererfahrung: Eine gute Benutzererfahrung ist für SEO von entscheidender Bedeutung. Stelle sicher, dass deine Website leicht navigierbar ist, gut aussehende Bilder verwendet und für verschiedene Geräte optimiert ist.
7. Analyse und Messung: Überwache die Leistung deiner Website regelmäßig mit Tools wie Google Analytics. Dadurch erhältst du Einblicke in den Traffic, das Verhalten der Besucher und andere wichtige Kennzahlen. Diese Daten können dir dabei helfen, deine SEO-Strategie zu verbessern und anzupassen.

Es ist wichtig zu beachten, dass SEO ein kontinuierlicher Prozess ist und es Zeit braucht, bis man Ergebnisse sieht. Es erfordert eine gründliche Forschung, Planung und Ausführung, um eine effektive SEO-Strategie zu entwickeln. Wenn du neu in diesem Bereich bist, kann es hilfreich sein, Ressourcen wie Blogs, Tutorials und Online-Kurse zu nutzen, um dein Wissen weiter auszubauen (Abb. 8.1).

Der PageRank-Algorithmus, der in den 1990er-Jahren von den Google-Gründern Larry Page und Sergey Brin entwickelt wurde (Verzhbitskaia 2024), bildet die Grundlage für den Google-Algorithmus. Dieser Algorithmus bewertet Webseiten anhand ihrer Verlinkungsstruktur und ordnet jedem Element ein bestimmtes Gewicht zu.

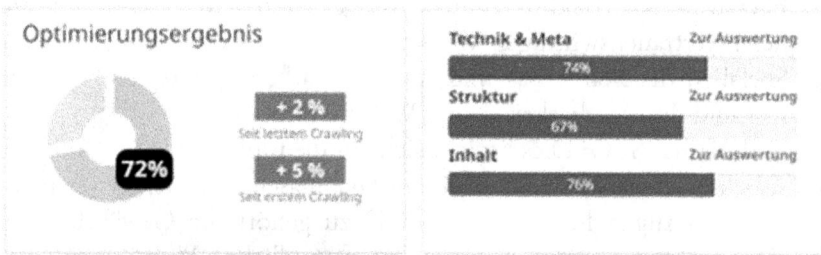

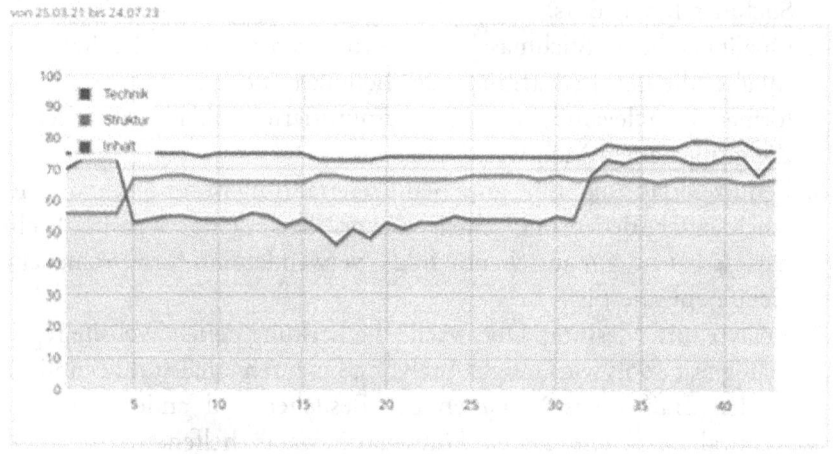

Abb. 8.1 Optimierung von ETF-Blog.com mit dem SEO-Tool Seobility. (Quelle: Mit freundlicher Genehmigung von Seobility SEO Software, https://www.seobility.net/de/)

Google entwickelt diesen Suchalgorithmus permanent weiter und rollt in unregelmäßigen Abständen Updates aus, die in der Regel Auswirkungen auf das SEO und Ranking deiner Website aufweisen. Das vielleicht größte Update bisher war Googles Core-Algorithmus-Update vom März 2023. Es zielte auf alle Inhaltstypen in allen Regionen und Sprachen ab und fördert und belohnt hochwertige Webseiten.

Um die Rangfolge der Suchergebnisse zu bestimmen, berücksichtigt der Google-Algorithmus mehrere hundert verschiedene Faktoren. Dabei werden verschiedene Anforderungen an deine Domain, Webseite, Links, Brand, Nutzerinteraktion und mehr gestellt, um inhaltliche, strukturelle und technische Aspekte zu bewerten.

Einige der bedeutendsten Ranking-Faktoren von Google sind die Mobilfähigkeit der Webseite sowie die Ladegeschwindigkeit der Seite.

Die Bedeutung einer Website gemäß dem Google-Algorithmus hängt davon ab, wie viele externe Links auf sie verweisen. Je mehr solcher Verweise vorhanden sind, desto höher wird die Website im Ranking eingestuft. Der Suchalgorithmus ordnet die Links nach ihrer Relevanz ein, wobei diese wiederum von der Bedeutung der verlinkten Website abgeleitet wird.

8.2 Online-Marketing

Oft probiert man Dinge aus und es kann eine Zeit dauern, bis sie funktionieren.

Wenn du digitale Produkte wie eBooks und Online-Kurse über deinen Blog oder Webinare verkaufen willst, ist unter anderem eine intensive Beschäftigung mit Online-Marketing unerlässlich (zu einem Überblick vgl. u. a. Angelone 2023).

Im Online-Marketing handelt es sich um eine Marketing-Disziplin, die ausschließlich auf dem Medium Internet basiert und sich somit vom klassischen Marketing unterscheidet.

Online-Marketing, auch bekannt als Internet-Marketing oder digitales Marketing, bezeichnet den Prozess der Förderung einer Marke, Produkte oder Dienstleistungen über das Internet. Es umfasst eine Vielzahl von Marketing-Taktiken, Kanälen und Strategien, die eine Online-Präsenz aufbauen und fördern. Es nutzt die Technologie zur Steigerung der Sichtbarkeit, zum Erreichen des Publikums und zur Steigerung des Geschäfts. Dabei ist vieles im Online-Marketing im Gegensatz zum klassischen Konsumgüter- und Investitionsgüter- sowie Dienstleistungsmarketing messbar.

Zu den Themenbereichen des Online-Marketings zählen

- Suchmaschinenmarketing (SEM),
- Content-Marketing,
- Social Media Marketing (SMM),
- E-Mail-Marketing,
- Affiliate-Marketing,
- Inbound-Marketing und
- Pay-per-Click (PPC) Werbung.

Jeder Bereich dient einem bestimmten Zweck und hat eigene einzigartige Techniken und Strategien.

- Suchmaschinenmarketing erhöht die Sichtbarkeit in Suchmaschinen durch organische Suchmaschinenoptimierung (SEO) und bezahlte Werbemethoden (PPC).
- Content-Marketing zielt darauf ab, wertvollen, relevanten Inhalt zu erstellen und zu verbreiten, um eine Zielgruppe anzuziehen und zu binden.
- Social-Media-Marketing nutzt soziale Netzwerke zur Markenbildung und direkten Kommunikation mit Kunden.
- E-Mail-Marketing beinhaltet das Senden von Direktmails an Kunden oder potenzielle Kunden, während.
- Affiliate-Marketing auf der Partnerschaft mit anderen Unternehmen zur Steigerung des gegenseitigen Wachstums basiert.

Die Erfolgsfaktoren im Online-Marketing sind vielfältig. Eine gut definierte Zielgruppe, die Erstellung von qualitativ hochwertigem Inhalt und eine starke Markenpräsenz sind unerlässlich. Darüber hinaus sind das Verständnis und die Nutzung von Daten zur Optimierung von Kampagnen ein Schlüsselfaktor. Eine gute Strategie umfasst auch das Testen und Anpassen von Kampagnen basierend auf Leistungsmetriken.

Dabei habe ich viel mit Facebook-Ads experimentiert, ohne jedoch das gewünschte Ergebnis – einen funktionierenden Funnel – aufbauen zu können.

8.2.1 Funnel

Ein Funnel im Online-Marketing bezieht sich auf einen konzeptuellen Trichter oder eine Schichtung von Schritten, die potenzielle Kunden durchlaufen, um sie zu einem bestimmten Ziel zu führen. Oft wird er auch als Verkaufstrichter oder Marketingtrichter bezeichnet.

Der Funnel repräsentiert den Prozess, wie Menschen von einem allgemeinen Interesse an einem Produkt oder einer Dienstleistung zu einer konkreten Handlung übergehen, wie beispielsweise einem Kauf, einer Anmeldung oder einer Kontaktaufnahme. Der Funnel ist typischerweise in mehrere Stufen unterteilt, die den Fortschritt des potenziellen Kunden auf dem Weg zum Ziel darstellen.

Die verschiedenen Phasen eines typischen Funnel im Online-Marketing sind in der Regel:

1. Awareness (Bewusstsein): Hier wird die Aufmerksamkeit des potenziellen Kunden geweckt. Dies kann durch verschiedene Marketingkanäle wie soziale Medien, Suchmaschinenwerbung, Content-Marketing oder Influencer-Marketing erfolgen.
2. Interest (Interesse): Nachdem die potenziellen Kunden auf das Angebot aufmerksam geworden sind, zeigen sie ein verstärktes Interesse an dem Produkt oder der Dienstleistung. Sie informieren sich genauer und beschäftigen sich näher damit.
3. Consideration (Überlegung): In dieser Phase evaluieren die Interessenten verschiedene Optionen und vergleichen sie möglicherweise mit Angeboten von Wettbewerbern. Sie erwägen den möglichen Nutzen und die Vorzüge des Angebots.
4. Intent (Absicht): Hier signalisieren die Interessenten eine klare Absicht oder einen Kaufwunsch. Sie könnten zum Beispiel ein Produkt in den Warenkorb legen oder eine Anfrage für weitere Informationen stellen.

5. Evaluation (Bewertung): In dieser Phase wird der potenzielle Kunde genau geprüft, ob er das Angebot wirklich kaufen möchte. Hier können sich auch Fragen ergeben, die noch beantwortet werden müssen.
6. Purchase (Kauf): Schließlich kommt es zur eigentlichen Transaktion, bei der der Kunde das Produkt oder die Dienstleistung erwirbt.
7. Loyalty (Treue): Nach dem Kauf ist das Ziel, die Kundenbindung zu fördern, damit der Kunde zufrieden ist und idealerweise wiederkehrt, um erneut einzukaufen.
8. Advocacy (Fürsprache): In dieser Phase wird der Kunde zu einem Fürsprecher des Produkts oder der Dienstleistung und empfiehlt sie möglicherweise auch anderen potenziellen Kunden.

Der Funnel dient dazu, den Marketingprozess zu strukturieren und zu optimieren, um potenzielle Kunden effizienter zu gewinnen und zu binden. Dabei können Marketingstrategien und -taktiken in den verschiedenen Funnel-Stufen gezielt eingesetzt werden, um das Interesse der Kunden zu wecken und sie erfolgreich zum Abschluss zu führen.

8.2.2 Facebook Ads

Facebook Ads sind ein Werbeinstrument von Facebook, das Unternehmen und Werbetreibenden ermöglicht, gezielte Anzeigen auf der Facebook-Plattform zu schalten. Mit über 2,9 Mrd. monatlich aktiven Nutzern im Jahr 2023 (vgl. Gonzales 2023) bietet Facebook eine riesige potenzielle Zielgruppe für Unternehmen, um ihre Produkte oder Dienstleistungen zu bewerben.

Facebook Ads basieren auf dem Targeting-Konzept, bei dem Anzeigen an bestimmte Zielgruppen ausgeliefert werden, basierend auf demografischen Merkmalen, Interessen, Verhaltensweisen und anderen Kriterien, die von den Nutzern in ihren Profilen angegeben werden. Dies ermöglicht Werbetreibenden, ihre Anzeigen genau auf diejenigen Personen auszurichten, die am ehesten an ihren Angeboten interessiert sind.

Die Anzeigenformate auf Facebook sind vielfältig und können verschiedene Elemente wie Text, Bilder, Videos, Karussells oder Slideshows enthalten. Dies ermöglicht den Werbetreibenden, kreative und an-

8 WordPress, SEO & Online-Marketing: Aller Anfang ist schwer

sprechende Anzeigen zu erstellen, die die Aufmerksamkeit der Nutzer auf sich ziehen.

Ein weiteres wichtiges Merkmal von Facebook Ads ist die Möglichkeit, das Kampagnenbudget und die Gebotsstrategie anzupassen. Werbetreibende können festlegen, wie viel sie bereit sind, für ihre Anzeigen auszugeben, entweder als Tagesbudget oder als Gesamtbudget für einen bestimmten Zeitraum. Darüber hinaus können sie zwischen verschiedenen Gebotsstrategien wählen, um entweder die größtmögliche Reichweite, Engagement, Klicks oder Conversions zu erzielen.

Facebook Ads bieten auch detaillierte Analysen und Messwerte, um den Erfolg von Werbekampagnen zu überwachen und zu optimieren. Werbetreibende können Informationen über die Anzahl der erreichten Personen, die Interaktionen mit den Anzeigen, Klicks, Conversion-Raten und vieles mehr erhalten. Diese Daten ermöglichen den Werbetreibenden, ihre Strategie anzupassen und ihre Anzeigen kontinuierlich zu verbessern.

Es ist jedoch wichtig zu beachten, dass Facebook Ads auch Herausforderungen mit sich bringen können. Die Plattform unterliegt strengen Richtlinien bezüglich des Anzeigentextes, der Bildinhalte und der Zielseiten. Werbetreibende müssen sicherstellen, dass ihre Anzeigen den Richtlinien entsprechen, um nicht abgelehnt oder deaktiviert zu werden. Zudem ist die Konkurrenz auf Facebook groß, wodurch es schwieriger sein kann, sich von anderen Anzeigen abzuheben und die Aufmerksamkeit der Nutzer zu gewinnen.

Insgesamt bieten Facebook Ads Unternehmen die Möglichkeit, ihre Zielgruppen effektiv anzusprechen und ihre Markenbekanntheit zu steigern, Produkte zu bewerben und potenzielle Kunden zu erreichen. Durch gezieltes Targeting, flexible Budgetierung und umfangreiche Analysemöglichkeiten kann Facebook Ads eine wertvolle Ergänzung für das Marketing und die Werbestrategie von Unternehmen sein.

Zuletzt ist eine konsistente und koordinierte Präsenz über mehrere Plattformen hinweg oft entscheidend, um in der heutigen digitalen Landschaft erfolgreich zu sein. Ein hervorragendes Online-Marketing kann somit dazu beitragen, das Bewusstsein zu steigern, das Engagement zu fördern, die Kundenbindung zu verbessern und letztendlich den Umsatz zu steigern.

Aber leider zählt dieses Thema nicht zu meinen Stärken. Ich schreibe lieber. Es ist eine sehr anspruchsvolle Aufgabe, in den Bereichen WordPress, SEO und Online-Marketing stets auf dem Laufenden zu bleiben.

Deshalb beobachte ich in der Bloggerszene eine Tendenz zur Spezialisierung. Immer mehr besonders erfolgreiche Blogs werden von Teams betrieben. Einer ist für die Content-Produktion verantwortlich, einer fürs Online-Marketing und der Dritte für SEO. Ich dagegen bin ein Einzelkämpfer und mache alles allein.

Literatur

Angelone R (2023) Blogger- und Influencer-Marketing in der Praxis – Alles Wichtige für gelungene Kooperationen zwischen Unternehmen, Bloggern und Influencern. Springer Gabler, Wiesbaden. https://doi.org/10.1007/978-3-658-42090-1

Gonzales M D (2023) Facebook: die wichtigsten Zahlen 2023 in Deutschland und weltweit. https://blog.digimind.com/de/facebook-wichtigste-zahlen-2023-in-deutschland-und-weltweit. Zugegriffen am 18.08.2023

Verzhbitskaia Z (2024) Die Vergangenheit, Gegenwart und Zukunft von Google PageRank. https://www.link-assistant.com/de/news/google-pagerank-algorithm.html. Zugegriffen am 18.08.2024

9

Mit einem Blog hast du immer etwas zu tun

Wenn du einen Blog betreibst, hast du nie Langeweile. Ein Blog ist eine interessante und abwechslungsreiche Aufgabe; es gibt immer etwas zu tun und viele Möglichkeiten, einen Blog zu gestalten und zu verbessern. Hier sind einige Beispiele dafür, was man als Blog-Betreiber so zu tun hat:

1. Content-Erstellung: Die kontinuierliche Erstellung von qualitativ hochwertigen und relevanten Inhalten ist einer der wichtigsten Aspekte eines Blogs. Das Verfassen von neuen Artikeln, Anleitungen, Meinungsbeiträgen, Produktbewertungen oder anderen interessanten Beiträgen steht immer auf der To-do-Liste.
2. Keyword Recherche: Die Suche nach relevanten Keywords und Suchbegriffen, die von der Zielgruppe gesucht werden, ist entscheidend, um die Sichtbarkeit in den Suchmaschinen zu verbessern. Das bedeutet, dass man nach Trends und Themen forschen muss, die für den jeweiligen Blog relevant sind.
3. Suchmaschinenoptimierung (SEO): Wie bereits in Abschn. 8.1 besprochen, ist SEO wichtig, um sicherzustellen, dass der Blog von potenziellen Lesern gefunden wird. Die Optimierung von Meta-Tags, URL-Strukturen, internen Links und die Verwendung der richtigen Keywords sind Teil dieses Prozesses.

4. Social Media Promotion: Das Teilen von Blogbeiträgen auf verschiedenen Social-Media-Plattformen wie Facebook, Twitter, LinkedIn, Instagram und Pinterest ist ein effektiver Weg, um die Reichweite des Blogs zu erhöhen und neue Leser zu gewinnen.
5. Community-Interaktion: Die Interaktion mit der Leserschaft durch das Beantworten von Kommentaren, E-Mails oder Social-Media-Nachrichten ist wichtig, um eine engagierte Community aufzubauen und Feedback zu erhalten.
6. Design- und Layout-Optimierung: Das regelmäßige Aktualisieren des Blog-Designs, um es ansprechend und benutzerfreundlich zu gestalten, kann die Benutzererfahrung verbessern und Besucher dazu ermutigen, länger auf der Seite zu verweilen.
7. Analysen und Statistiken: Die regelmäßige Analyse von Daten und Statistiken aus Tools wie Google Analytics kann wertvolle Einblicke in die Leistung des Blogs geben. Diese Erkenntnisse können dazu verwendet werden, die Blog-Strategie zu verbessern und zukünftige Inhalte zu planen.
8. Gastbeiträge und Kooperationen: Die Zusammenarbeit mit anderen Bloggern oder Experten durch Gastbeiträge oder Kooperationen kann den Blogbereich erweitern und neue Perspektiven bieten.
9. Monetarisierung: Wenn der Blog für Einnahmen genutzt wird, erfordert dies möglicherweise die Integration von Werbung, Affiliate-Marketing oder den Verkauf von Produkten und Dienstleistungen.

Diese Liste ist bei Weitem nicht erschöpfend, da es noch viele andere Aktivitäten gibt, die mit dem Betreiben eines Blogs einhergehen können. Es hängt auch von den Zielen und Schwerpunkten des jeweiligen Blogs ab. Aber insgesamt ist es richtig, dass das Bloggen ein ständiger Prozess ist, der viel Engagement und Kreativität erfordert.

Am Anfang – und auch heute noch – war Googles Suchmaschine dabei unerlässlich, denn ich bin mehrmals pro Woche an den Punkt gekommen, wo ich nicht mehr weiterwusste und Google sehr hilfreich für mich war. Das gilt genauso auch für die Videosuchmaschine YouTube.

Nach Möglichkeit versuche ich, zwei bis drei Blogartikel pro Woche zu veröffentlichen, was mir oft – aber nicht immer – gelingt. Doch mittlerweile ist Künstliche Intelligenz in Form von ChatGPT eine große Hilfe, die immens viel Zeit spart, vor allem beim Umformulieren von Quellen.

Um mit einem Blog Geld verdienen zu können, braucht es vor allem Zeit. Schnell geht hier gar nichts. Meinen ersten Affiliate-Umsatz habe ich nach sieben Monaten erzielt und die erste Anfrage für ein Advertorial hatte ich nach etwa zehn Monaten. Darüber hinaus musst du als Blogger ständig bereit sein dazuzulernen und dich zu hinterfragen, ob du etwas anders oder besser machen kannst. Das ist eine conditio sine qua non, also eine Bedingung, die unerlässlich ist. Die Entwicklung der Technologie, die man als Blogger einsetzt, verändert sich nahezu permanent, wie man unter anderem an ChatGPT etc. sehen kann.

Wenn du jede Woche zwei bis drei Blogartikel mit – mittlerweile – mindestens 1200 Worten schreiben willst, weil der aktuelle SEO-Trend eindeutig zu sehr langen Blogartikeln geht, hast du mit

- Keyword-Recherche,
- Recherche für die Artikel und dem
- eigentlichen Schreiben des Contents

jede Menge Arbeit. Hinzu kommt das aktuelle Tagesgeschäft, bei dem du unter anderem Leserkommentare beantworten musst, E-Mails zu Kooperationsanfragen formulierst und Anfragen allgemeiner Art bearbeitest. Außerdem bekomme ich eine Unmenge an Presseerklärungen aus aller Welt, obwohl in meinem Impressum klar und deutlich steht, dass ich dieses nicht wünsche. Aber als Blog bist du ein Medium und da sehen Presseagenturen dich als potenziellen Multiplikator.

In den mittlerweile neun Jahren, die ich meinen Finanzblog nun betreibe, hatte ich nicht immer gleich viel Lust und dementsprechend unterschiedliche Phasen, in denen ich ETF-Blog.com mit verschiedener Intensität betrieben habe. Dabei gab es Phasen, in denen ich hoch motiviert war und Phasen, in denen ich meine Arbeit als Finanzblogger mit deutlich weniger Lust erledigt habe.

Durch meine Arbeit mit dem Blog habe ich auch herausgefunden, dass es mir ziemlich viel Spaß macht, mit dem PC zu gestalten. Denn ich habe – nach Aussage anderer – ein Gefühl dafür, wie etwas schön aussieht. So habe ich unter anderem das Logo meiner Website selbst gestaltet und die eine oder andere Landingpage ebenfalls selbst entworfen. Außerdem gilt es alle paar Jahre wieder, ein neues Theme für den Blog auszusuchen und den Blog neu zu gestalten und einzurichten. Je nach Theme kann das unterschiedlich aufwendig sein und es gibt hunderte und tausende unterschiedlicher Themes. Da fällt eine Entscheidung nicht leicht.

Ein Blog-Theme bezieht sich auf das Design und die visuelle Darstellung eines Blogs. Es ist eine Vorlage oder ein Layout, das bestimmte Stilelemente, Farben, Schriftarten und Anordnungen definiert, um dem Blog ein einheitliches Erscheinungsbild zu verleihen. Das Blog-Theme ermöglicht es dem Blogger, den Stil und die Struktur seines Blogs anzupassen, um den Inhalt ansprechend und benutzerfreundlich zu präsentieren. Es umfasst normalerweise Funktionen wie Seitenaufteilung, Menüführung, Widget-Bereiche und andere anpassbare Elemente, um den individuellen Anforderungen des Bloggers gerecht zu werden.

Die Erstellung von Buchcovern, für die von mir erstellten eBooks habe ich an eine Inderin vergeben, die ich über fiverr.com gefunden habe, eine israelische Plattform, auf der man professionelle Freelancer zu bezahlbaren Preisen weltweit finden kann. Darüber hinaus habe ich auch schon mal einen SEO-Spezialisten aus Pakistan beauftragt, der meinen Blog schneller gemacht hat.

Entsprechende Spezialisten gibt es auch hier in Deutschland, doch sind diese für mich in aller Regel nicht bezahlbar. Mein erstes Buchcover hat eine deutsche Grafikdesignerin gestaltet und es hat um die 250 € gekostet. Bei der von mir beauftragten Inderin bekomme ich ein Cover für etwa 30 €. Das sind dann eher Preise, die du dir als Blogger leisten kannst.

Da bin ich dann auch bei dem entscheidenden Nachteil meines Traumjobs: Dieser besteht eindeutig darin, dass mein Einkommen zu gering ist. Da die meisten Blogger nicht sehr offen damit umgehen, was sie verdienen, will ich hier mal ein bisschen aus dem Nähkästchen plaudern.

10

Wieviel ich mit meinem Blog verdient habe

„Umsatz ist gleich Preis mal Menge" und „Gewinn ist Umsatz minus Kosten". Das sind zwei betriebswirtschaftliche Grundgleichungen, die jeder BWL-Student im ersten Semester lernt. Als Finanzblogger hast du unterschiedliche Umsatzquellen:

- Affiliate Marketing
- Werbung über ein Werbenetzwerk wie *Ezoic*
- Verkauf digitaler Produkte (eBooks und Online-Kurse)
- Advertorials/Sponsored Posts/Linkverkauf
- Finanzcoaching
- Tantiemen für Bücher und
- VG Wort.

Damit Umsatz generiert werden kann, ist es zunächst erforderlich, dass ein Blog von möglichst hoher Qualität ist und dementsprechend viele Besucher anzieht. In Corona-Zeiten hatte ich in der Spitze einmal knapp 25.000 Besucher in einem Monat, inzwischen sind es wieder deutlich weniger.

Tab. 10.1 Max. Besucherzahlen pro Monat und Jahr des Finanzblogs ETF-Blog.com

Jahr	Max. Anzahl der Nutzer pro Monat
2015	2237
2016	6230
2017	8426
2018	10.000
2019	15.157
2020	24.342
2021	6688
2022	7697
2023	7073

Dabei haben sich meine Besucherzahlen wie folgt entwickelt (siehe auch Tab. 10.1).

Im Dezember 2015 hatte ich 2237 Nutzer, im Jahr 2016 in der Spitze 6230 Nutzer und in 2017 bis zu 8426 Nutzer pro Monat. Im Jahr 2018 waren es dann in der Spitze fast 10.000 Nutzer, in 2019 15.157 und im März 2020 hatte ich immerhin 24.342 Besucher und 102.409 Seitenaufrufe auf ETF-Blog.com. Das war die bisherige Spitze. Dann kam eine algorithmische Abstrafung durch Google – vermutlich, weil ich Links verkaufe – und meine Nutzerzahlen brachen ein. 2021 waren es in der Spitze 6688 Nutzer, 2022 bis zu 7697 und im März 2023 waren es insgesamt 7073 Besucher. Dabei sind die Besucherzahlen in den Wintermonaten in der Regel höher als im Sommer.

Im Folgenden werden die Besucherzahlen von ETF-Blog.com noch einmal zusammenhängend dargestellt (siehe Abb. 10.1). Dabei erstreckt sich der Zeitraum von 2017 bis heute (Juli 2023), da Google Analytics die Daten von vor 2017 nicht mehr zur Verfügung stellt.

Weiterführende Blogkennzahlen findest du in Abb. 10.2.

10 Wieviel ich mit meinem Blog verdient habe

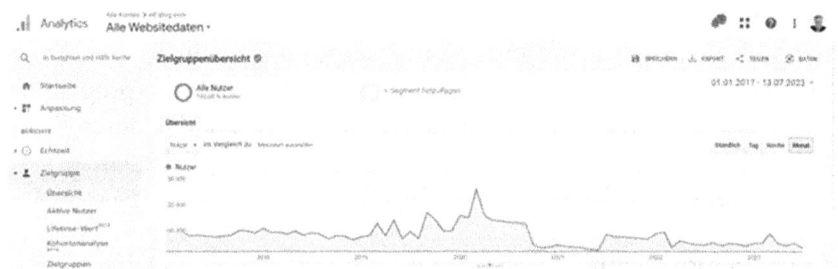

Abb. 10.1 Besucherzahlen von ETF-Blog.com von 2017 bis Juli 2023. (Quelle: Google Analytics (https://analytics.google.com/analytics/web/provision/#/provision, zugegriffen am 12.02.2025). Daten von vor 2017 sind auf Google Analytics nicht (mehr) verfügbar)

Abb. 10.2 Analytics-Daten zu ETF-Blog.com von 2017 bis Juli 2023. (Quelle: Google Analytics (https://analytics.google.com/analytics/web/provision/#/provision, zugegriffen am 12.02.2025). Daten von vor 2017 sind auf Google Analytics nicht (mehr) verfügbar)

10.1 Affiliate Marketing

Zunächst begann ich, Geld mit Affiliate Marketing zu verdienen, indem ich Produkte Dritter vermittelte, hauptsächlich Giro- und Depotkonten von Online-Brokern. Seit Beginn arbeite ich hier eng mit dem Affiliate-Netzwerk financeAds.net zusammen und kann dessen Dienste durchaus empfehlen. Unsere Zusammenarbeit verlief bisher sehr angenehm, wenn auch die Auszahlung der Umsätze seit der Umstellung des Auszahlungsmodus manchmal sehr lange dauert.

financeAds.net ist ein deutsches Affiliate-Marketing-Netzwerk, das sich auf Finanzprodukte und -dienstleistungen spezialisiert hat. Es ermöglicht Website-Betreibern, sogenannten Affiliates, Partnerprogramme von verschiedenen Finanzunternehmen zu bewerben und dadurch Provisionen für vermittelte Kunden oder Transaktionen zu verdienen.

Hier sind einige Informationen über financeAds:

1. Partnerprogramme: FinanceAds bietet eine Vielzahl von Partnerprogrammen von bekannten Finanzunternehmen wie Banken, Versicherungen, Kreditkartenanbietern und anderen Finanzdienstleistern. Affiliates können aus einer breiten Palette von Angeboten wählen und diese in ihre eigenen Webseiten oder Blogs integrieren, um potenzielle Kunden anzuziehen.
2. Vermittlung von Kunden: Affiliates verdienen Provisionen, indem sie Besucher ihrer Webseite zu den Finanzprodukten weiterleiten und dabei helfen, Kunden für die Partnerunternehmen von financeAds zu gewinnen. Wenn ein Besucher über den Affiliate-Link auf der Webseite des Affiliates einen Kauf oder eine gewünschte Aktion auf der Webseite des Partnerunternehmens durchführt, erhält der Affiliate eine Vergütung.
3. Transparenz und Statistiken: financeAds bietet seinen Affiliates detaillierte Statistiken und Berichte, damit sie die Leistung ihrer Kampagnen verfolgen und optimieren können. Dies ermöglicht den Affiliates, ihre Marketingstrategien anzupassen und ihre Einnahmen zu steigern.
4. Spezialisierung auf Finanzprodukte: Da sich financeAds auf Finanzprodukte und -dienstleistungen konzentriert, richtet es sich vor allem an Affiliates, die in diesem Bereich tätig sind oder an Finanzthemen interessiert sind.
5. Unterstützung und Service: FinanceAds bietet Unterstützung und Beratung für seine Affiliates, um ihnen dabei zu helfen, erfolgreich zu sein und ihre Marketingbemühungen zu optimieren.

10.2 Advertorials

Etwa nach neun oder zehn Monaten erhielt ich erste Anfragen für Advertorials, die seitdem mehr oder weniger kontinuierlich eingehen. Ein Advertorial ist ein bezahlter Gastartikel kommerzieller Art mit einem Dofollow-Link. Die Anzahl variiert von Monat zu Monat, manchmal erhalte ich nur zwei oder drei Anfragen pro Woche, während es in anderen Wochen bis zu zehn sein können. Jedoch führt längst nicht jede Anfrage auch zu Umsatz.

Im Durchschnitt veröffentliche ich ein bis drei Advertorials bzw. bezahlte Gastartikel pro Monat auf meinem Blog. Für diese erhalte ich zwischen 100 € und 350 € als Bezahlung pro Stück. In Bezug auf die Preise experimentiere ich regelmäßig. Aber in letzter Zeit wird es immer schwieriger, höhere Preise für bezahlte Gastartikel durchzusetzen.

Manche Geschäftspartner, meistens Agenturen, versuchen zu verhandeln, während andere den geforderten Preis ohne Probleme akzeptieren. Es gibt auch einige, die sich nicht mehr melden, sobald ich meine Preisvorstellungen genannt habe. Diese Verhandlungen – in der Regel auf Englisch – machen mir viel Spaß. Am härtesten verhandeln arabische und indische Partner, da muss man um jede 10 € erbittert feilschen.

Der Preis, den man durchsetzen kann, hängt auch von der Page Authority (PA) und der Domain Authority (DA) eines Blogs im Netz ab, z. B. PA bzw. DA nach MOZ.[1] Je höher diese Werte sind, desto besser. Die entsprechenden Werte für ETF-Blog.com zeigt Abb. 10.3.

Übrigens verkaufe ich meine Advertorials international. Bisher habe ich mit Agenturen aus über 30 verschiedenen Ländern Geschäfte abgeschlossen, auch außerhalb der EU, z. B. mit den USA, Hongkong, Israel, Oman oder den britischen Jungferninseln, um nur einige zu nennen.

Die Initiative geht immer von meinen Geschäftspartnern aus, daher muss man bei Advertorials Geduld haben und abwarten, bis sich etwas ergibt.

---

[1] Vgl. hierzu das SEO-Tool moz.com.

Abb. 10.3 Werte für ETF-Blog.com gemäß dem SEO-Tool ahrefs. (ahrefs 2023)

10.3 Jahresumsätze seit 2015

Zusätzlich verkaufe ich digitale Produkte, die ich selbst erstellt habe, wie E-Books und Online-Kurse. E-Books liefen einige Zeit recht gut, doch der Verkauf von Online-Kursen läuft hier noch nicht so gut, wie ich es mir vorstelle. Daran arbeite ich noch.

Dabei habe ich auch schon mal über fünf Monate einen Online-Kurs entwickelt, der sich anschließend gar nicht gut verkaufte. Auch mit solchen Rückschlägen muss man als Blogger umgehen können.

Des Weiteren erziele ich gelegentlich Einnahmen durch Finanzcoaching. Es gibt immer wieder Leser meines Blogs, die sich von mir in Finanzangelegenheiten coachen lassen wollen, denn ich bin auch ausgebildeter Life-Coach. Außerdem erhalte ich Einnahmen durch die VG Wort und Tantiemen durch frühere Buchveröffentlichungen.

Tab. 10.2 zeigt die grobe Aufteilung meiner Umsätze nach Kategorien.

Ehrlich gesagt finde ich den aktuellen Anteil an Advertorials selbst zu hoch, da ich keinen direkten Einfluss auf diesen Umsatz habe. Es ist jedoch ratsam, mehrere Einkommensquellen zu haben und nicht zu stark von einer bestimmten Einnahmekategorie abhängig zu sein.

Tab. 10.3 zeigt meine Umsätze als Finanzblogger mit ETF-Blog.com insgesamt seit 2015.

Tab. 10.2 Umsatzkategorien und ihre prozentualen Anteile

Umsatzkategorie	Anteile gerundet
Affiliate Marketing	30 %
Avertorials/Sponsored Posts	50 %
Digitale Produkte	10 %
Finanzcoaching	5 %
Tantiemen Bücher + VG Wort	5 %
Summe	**100 %**

Tab. 10.3 Umsätze zwischen 2015 und 2023

Jahr	Umsatz in Euro (gerundet)
2015	220,-
2016	4072,-
2017	9650,-
2018	10.593,-
2019	8651,-
2020	10.252,-
2021	13.677,-
2022	9734,-
2023	6772,-

Mein bester und mein schlechtester Monat waren Oktober 2021 mit einem Umsatz von 2916,42 € sowie September 2019 mit einem Umsatz von 11,62 €.

Dabei habe ich Umsatzeinbußen ausgelöst sowohl durch Corona als auch durch den Krieg in der Ukraine deutlich gespürt. Da gab es einige sehr umsatzschwache Monate.

Um den Gewinn ermitteln zu können, sind noch die Kosten relevant, denn Gewinn ist definiert als Umsatz minus Kosten. Meine Kosten als Blogger zeigt Tab. 10.4, wobei sie sich im Laufe der Jahre stark verändert haben, denn ich habe sie immer weiter zusammengestrichen – zumindest in der Summe.

In Tab. 10.4 gebe ich nur meine aktuellen Kosten für 2021 an, wobei ich mich stark, aber nicht exakt an die Gewinnermittlung meines Steuerberaters nach § 4 Abs. 3 EstG gehalten habe.

Tab. 10.4 Kosten für ETF-Blog.com im Jahr 2021

Kostenart	Höhe der Kosten pro Jahr in Euro (gerundet) (brutto)
Werbe- und Reisekosten	174,00
Abschreibungen auf Anlagevermögen	149,00
Instandhaltung	230,00
Hosting	286,00
CDN Cloudflare	78,00
Office 365	69,00
Handelsblatt	180,00
Telefon/Handy/Internet	224,00
Büromaterial/Porto	107,00
Buchführung	600,00
Nebenkosten des Geldverkehrs	260,00
Rundfunkgebühren	74,00
Steuerberater	686,00
Seobility (SEO-Tool)	285,00
Umsatzsteuer	832,00
IHK-Pflichtbeitrag	116,00
Vorsteuer	449,00
Sonstige Softwarekosten	327,00
Summe	**5126,00**

Der Gewinn ergibt sich nun aus der Gegenüberstellung meines Umsatzes für 2021 und meiner Kosten für dieses Jahr:

13.677,00 €/5126,00 € = 8551,00 €

Das sind gerade einmal etwas mehr als 700,00 € pro Monat, genauer 712,58 €. Und da man davon nicht leben kann, habe ich ergänzend Arbeitslosengeld II (ALG II) bezogen. Inzwischen habe ich auch meine Kosten weiter reduziert, und zwar auf etwa 3500 € pro Jahr. Unter anderem dadurch, dass ich meinem Steuerberater das Mandat gekündigt habe und meine Steuer nun selbst mache. Die Buchführung lasse ich extern machen und spare dadurch ca. 50 % im Vergleich zu vorher.

Zum Thema, wie du mit einem Blog Geld verdienen kannst, gibt es auch einen lesenswerten Blogartikel auf gradually.ai (Hillebrandt 2024).

Die Beherrschung der englischen Sprache ist für einen Finanzblogger, der weltweit Advertorials verkauft und Freelancer bevorzugt aus Asien beauftragt, ein unbedingtes Muss.

So erhalte ich fast täglich Kooperationsanfragen in englischer Sprache, die ich dann entsprechend beantworte. Zwar war ich in der Schule in Englisch nicht besonders gut, doch habe ich im vergangenen Jahrtausend mal sechs Wochen in den USA verbracht und im Jahr 2000 habe ich in *Brisbane* in Australien einen Englisch-Intensivkurs absolviert. Und den Rest habe ich gelernt durch erstens reisen und zweitens Learning-by-doing. Und schließlich gibt es noch den Übersetzer von Google, denn ich auch ab und zu einsetze, wenn es besonders schnell gehen muss.

Obwohl es für mich schwierig ist, mit meinem Blog ein zumindest durchschnittliches Einkommen zu erzielen, bietet das Bloggen eine Vielzahl von Freiheiten, von denen andere nur träumen können.

Dabei ist auch die Frage interessant, wieviel Geld man benötigt, um ein glückliches Leben zu führen. Und was macht uns eigentlich außer Geld noch glücklich?

Literatur

ahrefs (2023). https://ahrefs.com/de/, https://app.ahrefs/dashboard. Zugegriffen am 15.07.2023 (Zugriff auf das SEO-Tool ahrefs am 15.07.2023)

Hillebrandt F (2024) 14 Wege, mit deinem Blog Geld zu verdienen (die auch funktionieren). In: gradually.ai. https://www.gradually.ai/mit-blog-geld-verdienen/. Zugegriffen am 03.09.2024

11

Was uns glücklich macht und wieviel Geld dazu nötig ist

Im Laufe meines Lebens habe ich die Erfahrung gemacht, dass Konsum nicht glücklich macht. Je mehr ich konsumiert habe, desto mehr Wünsche hatte ich. Und aus den befriedigten Konsumwünschen resultierte keine nachhaltige Zufriedenheit. Ich weiß, wovon ich spreche, denn ich besitze mehr als zehn Armbanduhren und hatte aus der Zeit bei MLP sowie den darauffolgenden Jobs mit einem Jahreseinkommen von jeweils 150.000 Deutsche Mark mal fast 20 Anzüge im Schrank hängen.

11.1 Einkommen und Lebensglück

So hat die moderne Glücksforschung mittlerweile herausgefunden, dass oberhalb eines Brutto-Einkommens von ca. 75.000 USD pro Jahr das zusätzliche Glücksempfinden durch noch mehr Geld abnimmt:[1] Das bedeutet, dass ein monatliches Einkommen von rund 5000 bis 6000 € aus finanzieller Sicht ein ziemlich zufriedenstellendes Leben ermöglicht, da man sich damit alle wesentlichen Dinge leisten kann, die zum persönlichen Glück beitragen.

---

[1] Für BWLer: Der Grenznutzen des zusätzlichen Geldes sinkt.

Diese Erkenntnisse gehen auf eine Studie zurück, die der Nobelpreisträger *Daniel Kahneman* und sein Kollege *Angus Deaton* im Jahre 2010 veröffentlicht haben (Kahneman und Deaton 2010).

Die Studie zeigt, dass es eine Grenze gibt, ab der materieller Wohlstand keine signifikante Rolle mehr für das unmittelbare Glücksempfinden spielt. Andere Faktoren wie

- soziale Beziehungen,
- Lebenszufriedenheit und
- persönliche Einstellungen

könnten dann eine größere Bedeutung für das langfristige Wohlbefinden haben. Diese Erkenntnisse sind von großer Bedeutung, da sie darauf hinweisen, dass Geld zwar wichtig ist, aber es allein nicht ausreicht, um ein dauerhaftes Glücksgefühl zu erreichen.

Das heißt weiterhin, dass ein Durchschnittsverdiener mehr „Glücksgefühle" aus einem Gewinn bei „Wer wird Millionär" oder einem Lottogewinn ziehen kann als ein Millionär, der gerade seine zehnte Million gemacht hat.

In der Ökonomie ist dieses Phänomen bereits seit langem durch den Haushaltstheoretiker *Gossen* als **sinkender Grenznutzen** bekannt (Fischer 2007): Je mehr Geld ich bereits habe, desto geringer ist der Nutzen einer weiteren zusätzlichen Geldeinheit für mich (siehe Abb. 11.1).

Der Grenznutzen beeinflusst auch die Lebenszufriedenheit und das Glück von Menschen. Wenn das Einkommen steigt, steigt zunächst die Zufriedenheit der Menschen. Allerdings nimmt der Zuwachs an Zufriedenheit im Verhältnis zum steigenden Einkommen ab. Das bedeutet, dass die Zufriedenheit nicht proportional zum Einkommenszuwachs steigt. Ein Beispiel hierfür ist der Unterschied zwischen einer Einkommenssteigerung von 10.000 Dollar auf 20.000 Dollar im Vergleich zu einer Erhöhung von 90.000 auf 100.000 Dollar oder von 100.000 auf 200.000 Dollar. Die Zunahme der Zufriedenheit ist bei der ersten Erhöhung deutlich größer als bei den beiden letzteren.

11 Was uns glücklich macht und wieviel Geld dazu nötig ist

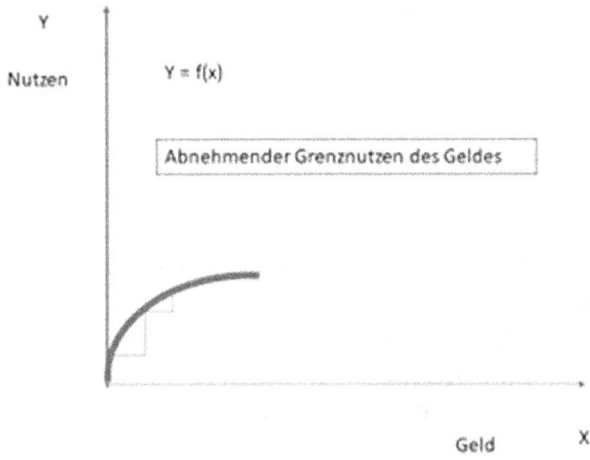

Abb. 11.1 Abnehmender Grenznutzen des Geldes. (Eigene Darstellung)

Richard Easterlin entwickelte die sogenannte „Easterlin-Paradox"-Theorie eine Theorie, die den Zusammenhang zwischen Einkommen und Glück oder Lebenszufriedenheit untersucht (Easterlin 2001). Diese Theorie wurde erstmals in den 1970er-Jahren formuliert.

Die Easterlin-Paradox-Theorie besagt, dass es zwar einen positiven Zusammenhang zwischen Einkommen und Glück gibt, dieser Zusammenhang aber begrenzt ist. Mit anderen Worten, steigendes Einkommen führt zwar zu einer vorübergehenden Steigerung der Lebenszufriedenheit, aber diese Steigerung hält nicht dauerhaft an. Oftmals gewöhnen sich Menschen an höhere Einkommen und verbesserte Lebensstandards, sodass ihre Zufriedenheit auf einem relativ konstanten Niveau bleibt, obwohl sie mehr verdienen.

Easterlin argumentiert, dass der wahre Faktor für das Glück von Menschen nicht das absolute Einkommen ist, sondern die subjektive Wahrnehmung des eigenen Einkommens im Vergleich zu anderen Menschen. Dies wird auch als relative Einkommenshypothese bezeichnet. Wenn Menschen sich mit anderen vergleichen und das Gefühl haben, dass sie im Vergleich besser abschneiden, führt dies zu größerer Zufriedenheit.

Dies erklärt auch, warum der Grenzzuwachs der Zufriedenheit mit zunehmendem Einkommen abnimmt. Mit steigendem Einkommen ist es schwieriger, sich weiterhin signifikant von anderen abzuheben, und somit nimmt der Einfluss des Einkommens auf das Glück ab.

Es ist wichtig zu betonen, dass Glück und Lebenszufriedenheit von vielen Faktoren abhängen und Einkommen nur ein Aspekt davon ist. Soziale Beziehungen, Gesundheit, persönliche Werte und andere Lebensumstände spielen ebenfalls eine wichtige Rolle bei der Bestimmung des individuellen Glücks.

Das, was uns Menschen glücklich macht, ist nicht der materielle Konsum, sondern sind Beziehungen zu anderen Menschen, also Familie und Freunde und schöne Erlebnisse, wie unter anderem Konzert- und Restaurantbesuche und Reisen. Womit sicher nicht die Pauschalreise nach Mallorca mit *All inclusive* gemeint ist, bei der man sich morgens eine Liege am Pool mit dem Handtuch reserviert, um den Rest des Tages in der Sonne zu schmoren, sondern dass man Reisen unternimmt, die den Horizont erweitern, indem man Land und Leute kennenlernt.

Auch hier weiß ich, wovon ich rede, denn ich habe beides schon ausprobiert. Dabei hat mir eine Woche Mallorca pauschal vollkommen gereicht, um zu wissen, dass das nichts für mich ist. Dagegen war mein Rucksackurlaub als Student auf Sardinien wesentlich eher nach meinem Geschmack. Ich war allein unterwegs und wurde von Einheimischen mehrfach eingeladen, die einfach wissen wollten, woher ich komme und wer ich bin. Und bei meiner Reise nach Australien habe ich bei einer Gastfamilie gewohnt und so recht engen Kontakt zu einer australischen Mittelschichtfamilie bekommen.

Mittlerweile zähle ich das Wandern seit gut sechs Jahren zu meinen Hobbys und habe auch schon mehrtägige Wanderungen unternommen, bei denen ich bis zu 25 km pro Tag zurückgelegt habe. Dabei gibt mir der Aufenthalt in der Natur viel Kraft und Energie. Hinzu kommt, dass Wandern – zumindest nahe der Heimat – ein eher preisgünstiges Hobby ist. Wenn die benötigte Ausrüstung – Wanderschuhe, Rucksack und Wanderkleidung etc. – einmal angeschafft ist, fallen nur noch Kosten für Benzin und Verpflegung an.

11.2 Erkenntnisse der Glücksforschung bzw. Positiven Psychologie

Die moderne Glücksforschung, auch als Positive Psychologie bezeichnet, ist ein neuer Bereich der psychologischen Forschung, der sich auf das Verständnis und die Förderung des menschlichen Glücks, des Wohlbefindens und der positiven Emotionen konzentriert. Sie untersucht, welche Faktoren das Glück und die Lebenszufriedenheit beeinflussen und wie Menschen ein erfülltes und positives Leben führen können.

Hier sind einige wichtige Aspekte der modernen Glücksforschung:

1. Ursprünge: Die moderne Glücksforschung wurde in den späten 1990er-Jahren von dem Psychologen *Martin Seligman* und seinen Kollegen begründet. Sie wollten einen Perspektivenwechsel in der Psychologie weg von der Fokussierung auf Krankheiten und Störungen hin zur Erforschung von Wohlbefinden und positiven Aspekten des menschlichen Erlebens und Verhaltens erreichen.
2. Positive Emotionen: Die Forschung zeigt, dass positive Emotionen wie Freude, Liebe, Dankbarkeit und Gelassenheit einen starken Einfluss auf das Glücksempfinden haben. Die Wahrnehmung und der Ausdruck von positiven Emotionen sind für das allgemeine Wohlbefinden von großer Bedeutung.
3. Lebenszufriedenheit: Die moderne Glücksforschung befasst sich auch mit der Lebenszufriedenheit und den individuellen Bewertungen des eigenen Lebens. Dabei werden verschiedene Lebensbereiche wie Familie, Arbeit, Gesundheit, soziale Beziehungen und Freizeit betrachtet.
4. Stärken und Tugenden: Ein weiterer wichtiger Fokus der Glücksforschung liegt auf der Identifizierung und Nutzung von persönlichen Stärken und Tugenden. Menschen, die ihre Stärken aktiv einsetzen und entfalten können, erleben oft ein höheres Maß an Glück und Erfüllung.
5. Flow-Erleben: Der Zustand des „Flow", der auch als Zustand vollständiger Vertiefung bezeichnet wird, spielt eine wichtige Rolle im Glückserleben. Er tritt auf, wenn Menschen in eine Tätigkeit so stark vertieft sind, dass sie die Zeit vergessen und ein Gefühl von Erfüllung und Zufriedenheit erfahren.

6. Soziale Beziehungen: Die Qualität und Tiefe der sozialen Beziehungen sind entscheidend für das Glücksempfinden. Unterstützende und erfüllende zwischenmenschliche Beziehungen tragen erheblich zu einem glücklichen Leben bei.
7. Kulturelle Unterschiede: Die Glücksforschung berücksichtigt auch kulturelle Unterschiede im Verständnis und der Bedeutung von Glück. Was Glück für Menschen bedeutet, kann sich je nach kulturellem Hintergrund erheblich unterscheiden.
8. Glücksförderung: Ein Ziel der modernen Glücksforschung ist es, Strategien und Interventionen zu entwickeln, um das Glücksempfinden zu fördern und das Wohlbefinden der Menschen zu verbessern. Diese Interventionen können beispielsweise das Üben von Dankbarkeit, Achtsamkeit, positive Selbstreflexion und die Förderung sozialer Bindungen beinhalten.

Die moderne Glücksforschung hat dazu beigetragen, das Verständnis für das menschliche Glück und Wohlbefinden zu erweitern und Ansätze zur Verbesserung der Lebensqualität zu entwickeln. Sie hat auch Anwendungen in verschiedenen Bereichen gefunden, darunter Psychotherapie, Coaching, Bildung und Organisationsentwicklung.

Zu der Zeit, als ich noch mit meinem Job unglücklich war, bin ich oft morgens nicht gerne aufgestanden. Seit ich schreibe, kann ich es kaum erwarten, morgens aus dem Bett zu kommen.

Literatur

Easterlin R (2001) Income and happiness: towards a unified theory. Econ J 111(2001):465–484

Fischer O (2007) Grundlagen der Haushaltstheorie. In: Fischer O (Hrsg) Volkswirtschaftslehre für Bankfachwirte. Gabler. https://doi.org/10.1007/978-3-8349-9337-3_2. Zugegriffen am 03.09.2024

Kahneman D, Deaton A (2010) High income improves evaluation of life but not emotional well-being. https://www.pnas.org/doi/full/10.1073/pnas.1011492107. Zugegriffen am 18.08.2024

12

Wofür es sich lohnt, morgens aufzustehen

Wer kennt nicht das Gefühl, morgens wach zu werden und bei dem Gedanken ans Büro und die Arbeit, die dort wartet, krampft sich der Magen zusammen – weshalb man sich erst nochmal umdreht und am liebsten weiterschlafen würde.

Die Aussicht auf einen weiteren langweiligen und monotonen Tag kann entmutigend sein. Doch was wäre, wenn es einen Weg gäbe, dem Hamsterrad zu entkommen und eine erfüllendere berufliche Zukunft zu gestalten? Mit den richtigen Fähigkeiten und der richtigen Einstellung ist es möglich, den beruflichen Alltag in etwas Spannendes und Erfüllendes zu verwandeln. Anstatt den Tag mit Magenschmerzen zu beginnen, kann man die Chance ergreifen, die eigene Leidenschaft zu entdecken und einen Beruf auszuüben, der Freude und Zufriedenheit bringt. Es ist nie zu spät, den Mut aufzubringen, den eigenen Träumen zu folgen und ein erfülltes Arbeitsleben zu führen.

Auch dieses Gefühl, morgens wach zu werden und mich nicht auf den bevorstehenden Arbeitstag zu freuen, habe ich sehr gut kennen gelernt. Es war unter anderem zu meiner Zeit als Finanzberater bei *MLP*, wenn ich wusste, heute wartet vor allem pure Sachbearbeitung auf mich, wie zum Beispiel ein Schadensfall für die KFZ-Versicherung, bei dem den Betroffenen am Wochenende alle vier Radkappen gestohlen worden waren. Zum Glück waren dies stets überschaubare Phasen in meinem früheren (Berufs-)Leben und es gab damals auch andere Tage mit Aufgaben, die mir mehr Freude bereiteten.

Aber ich kenne auch das andere Gefühl, nämlich morgens voller Tatendrang aufzuwachen und mich aufs Schreiben und die Arbeit am PC zu freuen.

Es ist ein unbeschreibliches Gefühl, wenn man mit Begeisterung und Vorfreude in den Tag startet, weil man seine Leidenschaft im Beruf gefunden hat. Die Möglichkeit, den Großteil des Tages mit dem Schreiben und der Arbeit am PC zu verbringen, bietet mir eine immense kreative Freiheit und erfüllt mich mit einer tiefen Zufriedenheit.

Jeder Tag ist eine neue Gelegenheit, Ideen zu verwirklichen, Geschichten zum Leben zu erwecken und mit meinen Worten andere Menschen zu erreichen. Die Arbeit am PC ermöglicht mir, meine Gedanken und Ideen zu formen, zu recherchieren, zu kommunizieren und die Welt durch das geschriebene Wort mitzugestalten. Es ist ein Privileg, wenn deine Leidenschaft und dein Beruf in Einklang stehen und du das Gefühl hast, deine Bestimmung gefunden zu haben.

Gemäß einer repräsentativen Studie des Deutschen Instituts für Wirtschaftsforschung sind Künstler, egal ob Schriftsteller, Bildhauer, Maler oder Schauspieler, mit ihrer Arbeit wesentlich glücklicher als Menschen in anderen Berufen (Steiner und Schneider 2012).

Einer der Autoren der Studie, *Lasse Steiner*, erklärte gegenüber dem Tagesspiegel:

> „Künstler ziehen aus der Tätigkeit selbst einen viel größeren Nutzen als aus dem Geld, das sie damit verdienen. Das liegt vor allem daran, dass sie ihre Arbeit als besonders selbstbestimmt und vielseitig empfinden." (Frost 2012).

Die Studie zeigt, dass Künstler im Durchschnitt weniger verdienen als andere Berufstätige, aber ein hohes Einkommen ist für sie nur halb so wichtig wie für andere Beschäftigte. Lange Arbeitszeiten stellen ebenfalls kein Problem dar.

> „Im Gegensatz zu anderen Berufstätigen sind Künstler umso glücklicher mit ihrer Arbeit, je mehr Stunden sie wöchentlich arbeiten" (Steiner und Schneider 2012, S. 22 ff.).

Der Grund dafür liegt darin, dass die Tätigkeit selbst die Künstler glücklich macht.

Die Studie basiert auf einer repräsentativen Befragung, die seit 25 Jahren regelmäßig durchgeführt wird. Die Befragten geben auf einer Skala von 0 bis 10 an, wie zufrieden sie mit ihrer Arbeit sind. In die Untersuchung flossen die Angaben von insgesamt 28.000 berufstätigen Menschen ein, darunter mehr als 300 Künstler, wie das DIW berichtete (Steiner und Schneider 2012).

Wenn ich morgens ausgeschlafen wach werde, bin ich voller Energie und Tatendrang. Dann benötige ich keine lange Anlaufphase.

Aufwachen, mich kurz sortieren, dann ins Bad, Kaffee kochen und ab an den Schreibtisch. Meistens freue ich mich regelrecht auf die Arbeit, die mich dort erwartet. Es sei denn, es handelt sich um die Steuererklärung, die ich jetzt selbst mache, nachdem ich meinem Steuerberater das Mandat aus Kostengründen gekündigt habe.

Mein Arbeitstag beginnt meist mit der Lektüre der Zeitung. Ich lese jeden Tag das *Handelsblatt*. Wenn ich das Gefühl habe, gut informiert zu sein, beginne ich zu schreiben bzw. mit dem PC zu gestalten, was ich beides sehr gern mache.

Und wenn ich schreibe, bin ich nicht immer, aber oft im sogenannten Flow. Dann bin ich ganz in meine Arbeit versunken und vergesse Zeit, Ort und Raum um mich herum. Dann schaue ich weder aus dem Fenster noch auf die Uhr.

Arbeiten im Flow
Flow ist ein Bewusstseinszustand, in dem man hohe Leistung erbringt und sich gleichzeitig wohl fühlt. Nach der klassischen Flow-Forschung von *Mihaly Csikszentmihalyi* werden sechs Merkmale beschrieben, die den Zustand des Flows kennzeichnen.

Dazu gehören

- intensive Konzentration,
- Verschmelzung von Handlung und Bewusstheit,
- Verlust des reflexiven Selbst,
- Gefühl der Kontrolle,
- lohnende Erfahrung der Tätigkeit und
- verzerrte Zeitwahrnehmung (Csikszentmihalyi 1985).

In der aktuellen Flow-Forschung werden die Merkmale reduziert, um die weitere Erforschung zu erleichtern.

Konzentration, Motivation und Befriedigung sind die zentralen Aspekte des Flow-Zustands. Flow entsteht durch die optimale Bündelung der Aufmerksamkeit und kann beeinflusst werden.

Zusammenfassend ist Flow ein Zustand, in dem man voll konzentriert ist, hoch motiviert arbeitet und eine innere Zufriedenheit erlebt. Es ist ein Zustand, in dem man sein Bestes gibt und sich gleichzeitig wohl fühlt. Flow kann durch gezielte Lenkung der Aufmerksamkeit erreicht werden und ist eine bewusste Entscheidung, nicht nur ein zufälliges Ereignis.

Aber natürlich gibt es noch andere Arbeiten, die ich längst nicht alle so liebe wie das Schreiben. Zum Beispiel

- Keyword Recherche für zukünftige Blogartikel,
- meinen Blog pflegen (da gibt es immer etwas zu tun, auch wenn es oft nur Kleinigkeiten sind, wie Plugins aktualisieren etc.),
- E-Mails checken und beantworten,
- Angebote zu Kooperationsanfragen abgeben,
- Preise für Links verhandeln,
- Leserkommentare beantworten,
- meine Finanzen im Blick behalten,
- mich fachlich fortbilden bezüglich der Themen ETFs, SEO und Online-Marketing, aber auch Künstliche Intelligenz und ChatGPT (was meine Arbeit unmittelbar betrifft, da ich KI durchaus einsetze),
- geordnete Belegablage zur Vorbereitung der Buchhaltung, die ich zum Glück extern erledigen lasse und
- manch anderes.

Alles in allem liebe ich meinen Job und vermisse weder Kollegen noch einen Chef, da ich mir meine Arbeit sehr gut selbst einteilen kann. Freiheit, Unabhängigkeit und Selbstbestimmtheit sind mir auf jeden Fall wichtiger als Geld.

Diese Selbstbestimmtheit und Freiheit in meiner Arbeit haben mir ermöglicht, ein ausgewogenes und erfülltes Leben zu führen. Ich kann meine Zeit so gestalten, dass sie meinen persönlichen Bedürfnissen und

Interessen entspricht. Diese Flexibilität erlaubt mir, mich um meine Familie und meine Hobbys zu kümmern und gleichzeitig meine beruflichen Ziele zu verfolgen.

Die Möglichkeit, meine Arbeit selbst einzuteilen, hat mir auch dabei geholfen, meine Produktivität zu steigern. Ich kann mich auf meine kreativen Ideen und Projekte konzentrieren, ohne von einem festen Büroalltag oder starren Arbeitszeiten eingeschränkt zu sein. Dies hat mir ermöglicht, mein volles Potenzial auszuschöpfen und meine beruflichen Fähigkeiten weiterzuentwickeln.

Zusätzlich habe ich die Chance, mich in verschiedene Themengebiete zu vertiefen und mich ständig weiterzubilden. Als Soloselbstständiger bin ich nicht auf eine bestimmte Branche oder ein bestimmtes Unternehmen beschränkt. Ich kann meine Expertise in unterschiedlichen Bereichen ausbauen und mich in Bereichen entfalten, die mich wirklich interessieren.

Obwohl ich finanzielle Stabilität schätze, weiß ich, dass Geld nicht alles ist. Die Zufriedenheit, die ich aus meiner Arbeit schöpfe, ist unbezahlbar. Das Gefühl, etwas Sinnvolles zu tun, meine Leidenschaften zu verfolgen und gleichzeitig ein ausgewogenes Leben zu führen, ist für mich von unschätzbarem Wert.

Natürlich gibt es auch Herausforderungen, die mit der Selbstständigkeit einhergehen, wie die Verantwortung für meine eigene Absicherung und die Unsicherheit, die mit projektbasierten Einkommen verbunden ist. Doch trotz dieser Herausforderungen bin ich überzeugt, dass die Vorteile meiner beruflichen Freiheit und Selbstbestimmtheit die Nachteile bei Weitem überwiegen.

Insgesamt bin ich dankbar für die Gelegenheit, meinen eigenen Weg zu gehen und meine Träume zu verfolgen. Die Entscheidung, meinen eigenen beruflichen Weg zu gestalten, war eine der besten Entscheidungen, die ich je getroffen habe, und ich freue mich darauf, mich weiterhin beruflich zu entwickeln und neue Chancen zu nutzen, die sich mir bieten.

Die Freiheit, Unabhängigkeit und Selbstbestimmtheit in meinem Job haben mein Leben bereichert und mich zu einem glücklicheren und erfüllteren Menschen gemacht als ich es früher war.

Ich arbeite von Montag bis Freitag und oft an Feiertagen; manchmal auch am Wochenende ein paar Stunden, je nachdem, was gerade ansteht.

Für alle Fälle habe ich auch einen Laptop bei meiner Freundin deponiert, sodass ich auch dort arbeiten kann, wenn mir danach ist.

Ohne meine Arbeit würde mir etwas im Leben fehlen; ich wüsste nicht, was ich den ganzen Tag machen sollte. Nur Kochen, Lesen und ein bisschen Hausarbeit sowie Spazierengehen würden meinen Tag nicht ausfüllen.

Dabei koche ich sehr gern, vor allem asiatische Gerichte, die ich im Wok zubereite. Meine Spezialität sind thailändische Currys mit Kokosmilch und frischem Koriander.

Die Arbeit hat einen wichtigen Platz in meinem Leben eingenommen und ist viel mehr als nur eine Tätigkeit, um den Tag zu füllen. Sie gibt mir Struktur, Sinnhaftigkeit und eine Möglichkeit, meine Fähigkeiten und Talente einzusetzen. Ohne meine Arbeit würde ich das Gefühl haben, dass mir etwas Wesentliches fehlt. Sie ist nicht nur eine Beschäftigung, sondern ein Teil meiner Identität geworden.

Sie ermöglicht mir, mich weiterzuentwickeln, neue Herausforderungen anzunehmen und ständig dazuzulernen. Jeder Tag bringt neue Möglichkeiten und Erfahrungen, die mich persönlich wachsen lassen. Die Arbeit gibt meinem Leben einen Zweck und erfüllt mich mit einem Gefühl der Erfüllung und Zufriedenheit. Sie ist nicht nur ein Mittel zum Lebensunterhalt, sondern ein integraler Bestandteil meines persönlichen Glücks und meiner Lebensqualität.

In meiner Freizeit spiele ich außerdem noch gern: Schach, Backgammon, Kniffel, SkipBo und andere Kartenspiele. Wenn ich am späten Nachmittag spiele, kann ich zudem wunderbar von der Arbeit abschalten. Das Spielen entspannt mich.

Jedenfalls stehe ich jeden Morgen gern auf, um meine Berufung zu leben und um zu schreiben. Und jede eintreffende E-Mail kann eine Kooperationsanfrage sein und Umsatz bringen. Deshalb ist es auch immer wieder spannend.

E-Mails sind ein ständiger Reminder daran, wie dynamisch und spannend die Geschäftswelt sein kann.

Literatur

Csikszentmihalyi M (1985) Das Flow-Erlebnis (Konzepte der Humanwissenschaften), Jenseits von Angst und Langeweile: Im Tun aufgehen. Klett-Cotta, Stuttgart

Frost S (2012) Langzeitstudie: Künstler sind arm, aber glücklich. In: Tagesspiegel.de. https://www.tagesspiegel.de/wirtschaft/kunstler-sind-arm-aber-glücklich-2058427.html. Zugegriffen am 03.09.2024

Steiner L, Schneider L (2012) The happy artist? An empirical application of the work-preference model, SOEPpapers on Multidisciplinary Panel Data Research at DIW Berlin, Nr. 430. https://www.diw.de/documents/publikationen/73/diw_01.c.392826.de/diw_sp0430.pdf. Zugegriffen am 03.09.2024

13

Alle Freiheiten, die du bei der Arbeit haben kannst

Was ich an meinem Job auch sehr mag, sind die Freiheiten, die mit ihm verbunden sind.

Als selbstständiger Finanzblogger im Hauptberuf kann ich mir meine Zeit frei einteilen und alle beruflichen Entscheidungen so treffen, wie ich es für richtig halte.

Meine wichtigsten Werte sind Freiheit – zum einen von äußeren Zwängen und zum anderen zu freien Entscheidungen –, Unabhängigkeit von Kollegen und Chefs und möglichst große Selbstbestimmung. Darum arbeite ich am liebsten für mich allein.

Selbstbestimmung bedeutet, dass jeder Einzelne das Recht hat, frei darüber zu entscheiden, wie er sein Leben gestaltet. Diese grundlegende Freiheit, die eigene Lebensführung selbst zu bestimmen, ist als Menschenrecht verankert und durch unsere Verfassung geschützt.

Die Arbeit für mich allein ermöglicht mir, meine Werte von Freiheit, Unabhängigkeit und Selbstbestimmung vollständig zu leben und zu verwirklichen. Als selbstständige Person habe ich die Möglichkeit, meinen eigenen Weg zu gehen und meine Karriere nach meinen Vorstellungen zu gestalten.

Die Freiheit, mein eigener Chef zu sein, gibt mir die Möglichkeit, meine Arbeit in Übereinstimmung mit meinen persönlichen Werten und Überzeugungen auszuführen. Ich kann Projekte wählen, die ich für sinnvoll und bereichernd halte, und mich von solchen fernhalten, die nicht meinen Werten entsprechen. Diese Autonomie erlaubt mir, mein volles Potenzial zu entfalten und meine Fähigkeiten zu nutzen, um einen positiven Einfluss zu haben.

Die Unabhängigkeit von Kollegen und Vorgesetzten ist ebenfalls von großer Bedeutung für mich. Während ich einerseits gerne in einem Team arbeite, schätze ich andererseits die Möglichkeit, meine Arbeit ohne bürokratische Hierarchien und interne Grabenkämpfe zu gestalten. Ich kann mich auf meine Ziele konzentrieren, ohne von anderen abhängig zu sein, und kann meine Ideen und Visionen frei umsetzen.

Die Selbstbestimmung in meiner Arbeit erlaubt mir, meine Zeit und Ressourcen so zu verwalten, dass sie meinen individuellen Bedürfnissen entsprechen. Ich kann meine Arbeitszeit flexibel einteilen und auch persönliche Projekte oder Interessen verfolgen. Diese Flexibilität stärkt mein Engagement für meine Arbeit und steigert meine Motivation.

Allerdings bedeutet die Selbstständigkeit auch, dass ich die volle Verantwortung für meine Entscheidungen und Handlungen trage. Das erfordert ein hohes Maß an Selbstorganisation, Disziplin und Eigenverantwortung. Doch die damit verbundenen Herausforderungen nehme ich gerne in Kauf, da sie ein wesentlicher Bestandteil meines Wunsches nach Freiheit und Unabhängigkeit sind.

Als Soloselbstständiger habe ich die Möglichkeit, mein Arbeitsumfeld und meine Arbeitsweise nach meinen Bedürfnissen zu gestalten. Ob ich von zuhause aus arbeite, ein eigenes Büro habe oder an verschiedenen Orten tätig bin, ich kann meine Umgebung so gestalten, dass sie mir die nötige Inspiration und Motivation bietet (vgl. zu einem Überblick über das Thema auch Kneisz 2023).

Insgesamt fühle ich mich erfüllt und zufrieden mit meiner Entscheidung, allein zu arbeiten. Die Möglichkeit, meine Werte von Freiheit, Unabhängigkeit und Selbstbestimmung in meinem Berufsleben zu leben, ist ein Geschenk, das mich jeden Tag motiviert und nahezu glücklich macht.

Berufliche Entscheidungen als Blogger können sowohl aufregend als auch herausfordernd sein. Als Blogger hat man die Möglichkeit, seine eigene Stimme zu nutzen, um Themen zu behandeln, die einem am Herzen liegen, und sein Publikum zu inspirieren, zu informieren oder zu unterhalten. Dabei gibt es verschiedene Aspekte, die bei beruflichen Entscheidungen als Blogger berücksichtigt werden sollten.

Eine wichtige Entscheidung betrifft die Wahl der Nische oder des Themengebiets, über das man bloggen möchte. Es ist wichtig, ein Thema zu wählen, das man leidenschaftlich gerne erforscht und über das man kontinuierlich hochwertigen Content produzieren kann. Die Entscheidung für eine spezifische Nische kann auch dazu beitragen, eine engagierte Zielgruppe anzuziehen und Expertise aufzubauen.

Weitere berufliche Entscheidungen betreffen die Monetarisierung des Blogs. Ein Blogger kann verschiedene Einnahmequellen in Betracht ziehen, wie zum Beispiel Anzeigen, Affiliate-Marketing, gesponserte Beiträge, digitale Produkte oder Dienstleistungen wie in meinem Fall Finanzcoaching.

13.1 Finanzcoaching

Finanzcoaching ist eine Dienstleistung, die darauf abzielt, Einzelpersonen oder Haushalten dabei zu helfen, ihre finanziellen Ziele zu definieren, ihre Finanzen zu optimieren und einen planvollen Umgang mit ihrem Geld zu entwickeln. Ein Finanzcoach ist ein Experte in finanziellen Angelegenheiten und unterstützt seine Klienten dabei, ihre finanzielle Situation zu analysieren, individuelle Finanzpläne zu erstellen und ihnen bei der Umsetzung dieser Pläne zu helfen.

Hier sind einige wichtige Aspekte und Ziele des Finanzcoachings:

1. Finanzielle Zielsetzung: Ein Finanzcoach hilft seinen Klienten dabei, klare und realistische finanzielle Ziele zu setzen, seien es die Schuldentilgung, der Kauf eines Hauses, die finanzielle Absicherung im Ruhestand oder Anlageziele.

2. Budgetierung und Finanzplanung: Der Finanzcoach unterstützt dabei, ein Budget zu erstellen, das auf den individuellen Einkommen und Ausgaben basiert. Dies ermöglicht den Klienten, ihre finanziellen Mittel effizient zu verwalten und unnötige Ausgaben zu reduzieren.
3. Schuldenmanagement: Ein wichtiger Aspekt des Finanzcoachings ist es, den Klienten dabei zu helfen, ihre Schulden zu bewältigen. Dies kann durch die Entwicklung von Strategien zur Schuldentilgung und zur Senkung von Zinsen geschehen.
4. Aufbau einer Liquiditätsreserve: Ein Finanzcoach ermutigt seine Klienten dazu, eine Liquiditätsreserve aufzubauen, um unvorhergesehene Ausgaben abzudecken und finanzielle Sicherheit zu gewährleisten.
5. Investitionsberatung: Je nach den individuellen Zielen und Risikobereitschaften bietet der Finanzcoach Beratung zur Geldanlage an, sei es in Aktien, Anleihen, Immobilien oder anderen Anlageinstrumenten wie Fonds und ETFs.
6. Altersvorsorge: Der Finanzcoach unterstützt seine Klienten dabei, langfristige finanzielle Ziele wie die private Altersvorsorge zu planen, indem er ETF-Sparpläne, private Rentenversicherungen und andere Vorsorgemöglichkeiten in Betracht zieht.
7. Finanzielle Bildung: Ein wichtiger Teil des Finanzcoachings ist die Vermittlung von Finanzwissen und -kompetenzen, sodass die Klienten ihre finanzielle Situation besser verstehen und eigenständig fundierte Entscheidungen treffen können.

Es ist wichtig zu betonen, dass ein Finanzcoach kein Finanzberater oder Vermögensverwalter ist und keine direkte Empfehlung für spezifische Finanzprodukte gibt. Stattdessen unterstützt der Coach seine Klienten dabei, ihre individuelle finanzielle Situation besser zu verstehen und eigenverantwortlich Entscheidungen zu treffen.

Bevor man die Dienste eines Finanzcoachs in Anspruch nimmt, sollte man sicherstellen, dass der Coach über die erforderliche Qualifikation, Erfahrung und Seriosität verfügt. Es ist ratsam, Referenzen einzuholen und vorab die Preise und Leistungen zu klären.

13.2 Selbstverantwortung und Selbstdisziplin

Als Berufs-Blogger genießt man auch eine gewisse Freiheit und Flexibilität. Man kann seinen Arbeitsort und seine Arbeitszeiten selbst bestimmen. Die Freiheit, von überall aus arbeiten zu können, ermöglicht es Bloggern, ihr eigenes Arbeitsumfeld zu gestalten und ihre Arbeitsweise an ihre Bedürfnisse anzupassen. Zudem können sie ihre eigenen kreativen Entscheidungen treffen und die Inhalte gestalten, wie es ihren Vorstellungen entspricht.

Die Freiheit als Berufs-Blogger birgt jedoch auch Verantwortung. Der Erfolg hängt oft von der Konsistenz, Qualität und Originalität des Contents ab. Es erfordert Disziplin, sich selbst zu motivieren und kontinuierlich hochwertigen Content zu produzieren. Zudem müssen Blogger auch ihre Finanzen im Blick behalten und den Blog als eigenes Unternehmen managen.

Berufliche Entscheidungen als Blogger sollten gut durchdacht sein, und es ist wichtig, sich realistische Ziele zu setzen und sich kontinuierlich weiterzuentwickeln. Mit der richtigen Balance aus

- Leidenschaft,
- Fachwissen,
- Kreativität und
- Geschäftssinn

können Blogger ihre Karriere vorantreiben und die Freiheit genießen, ihre eigene Stimme in der digitalen Welt zu entfalten.

Zu meinen regelmäßig zu treffenden Entscheidungen gehören unter anderem die Auswahl von Themen für Artikel, die ich jede Woche auf ETF-Blog.com veröffentliche. Da ist es gut, einen Redaktionsplan zu erstellen.

Werkzeug Redaktionsplan
Ein Redaktionsplan ist ein entscheidendes Werkzeug für Blogger. Er hilft, Inhalte im Voraus zu planen, zu organisieren und zu verwalten und bietet dabei mehrere Vorteile.

- Erstens fördert ein Redaktionsplan die Konsistenz. Regelmäßiges Bloggen ist ein Schlüssel zur Aufrechterhaltung des Interesses und der Beteiligung der Leser und zur Verbesserung der SEO. Durch die Planung von Inhalten im Voraus kannst du sicherstellen, dass dein Blog stets mit neuen Beiträgen versorgt wird.
- Zweitens ermöglicht ein Redaktionsplan eine strategische Planung. Du kannst Inhalte um bestimmte Themen, Ereignisse oder Schlüsselzeiträume (wie Feiertage oder Saisonveranstaltungen) herum planen. Darüber hinaus kannst du sicherstellen, dass deine Inhalte ein breites Spektrum an Themen abdecken und alle Aspekte deines Fachgebiets oder deiner Nische berühren.
- Drittens hilft ein Redaktionsplan dabei, die Qualität zu verbessern. Durch die Planung im Voraus hast du mehr Zeit für die Recherche, das Schreiben und Bearbeiten von Beiträgen, wodurch die Wahrscheinlichkeit steigt, dass du hochwertige Inhalte erstellst.
- Viertens erleichtert ein Redaktionsplan die Zusammenarbeit. Wenn du mit einem Team von Autoren, Redakteuren oder Designern arbeitest, bietet ein Redaktionsplan eine zentrale Ressource, an der sich alle Beteiligten orientieren können. So wissen alle, was wann veröffentlicht wird und wer dafür verantwortlich ist.
- Schließlich erleichtert ein Redaktionsplan die Messung und das Tracking von Inhalten. Du kannst festhalten, welche Art von Inhalten gut performt und diese Erkenntnisse nutzen, um zukünftige Inhalte zu planen und zu optimieren.

Insgesamt ist ein Redaktionsplan ein unverzichtbares Werkzeug, das jedem Blogger hilft, strukturiert, organisiert und strategisch in Bezug auf seinen Content vorzugehen.

13.3 Mein Tagesablauf

Ich bin ein absoluter Frühaufsteher und sitze – nicht jeden Tag – aber immer mal wieder – bereits um fünf Uhr morgens am Schreibtisch. Ein starker Kaffee vertreibt dabei den letzten Rest Müdigkeit aus meinem Körper.

Morgens habe ich immer unglaublich viel Energie. Dann ist mir nichts zu viel. Meistens arbeite ich ohne nennenswerte Pause bis zum Mittagessen gegen 12:30 Uhr. Das kocht in der Regel meine Mutter, mit der ich zusammenlebe.

Ich telefoniere eher wenig, da bloggen ein ziemlich einsames Geschäft ist und das Gros meiner Korrespondenz in Bezug auf den Linkverkauf und andere Kooperationen per E-Mail stattfindet – überwiegend in englischer Sprache.

Nach dem Mittagessen mache ich gerne ein eher kurzes Nickerchen von etwa 15 bis 20 min und dann trinke ich einen kräftigen Ostfriesentee, um wieder frisch und munter zu werden.

Ab etwa 15:00 Uhr starte ich dann noch mal durch, wobei ich weniger schreibe, sondern eher Kooperationsanfragen bearbeite und mich um das kümmere, was das Tagesgeschäft von mir verlangt. Zu meiner Arbeit zähle ich auch das Lesen von Fachliteratur, zu der regelmäßig verschiedene ETF-Zeitschriften gehören sowie Finanzbücher, die ich gelegentlich auf meinem Blog rezensiere.

Mir den Tag frei einteilen zu können, keine Besprechungen und Konferenzen etc. zu haben, die ich in meinen früheren Tätigkeiten meist als pure Zeitverschwendung empfunden habe, sind in der Summe schon große Freiheiten. Außerdem entscheide nur ich, was auf meinem Blog veröffentlicht wird und sonst niemand.

Um Geld mit meinem Blog zu verdienen, habe ich verschiedene Strategien ausprobiert, doch am besten hat bisher der einfachste Weg funktioniert.

Literatur

Kneisz S (2023) Leben ohne Chef!: Der praxiserprobte Plan für den erfolgreichen Online Business Aufbau und mehr Freiheit im Leben. Hauptverband des Österreichischen Buchhandels, Wien

14

Monetarisierung – nur der einfachste Weg funktioniert

Bei der Monetarisierung meines Blogs habe ich viele Wege bei dem Versuch beschritten, Geld zu verdienen, von Affiliate Marketing über die Erstellung digitaler Produkte und die Schaltung von Werbung bis hin zum Verkauf von Links.

Das Affiliate Marketing ist eine ausgezeichnete Möglichkeit, um passiv Einnahmen zu generieren. Durch die Partnerschaft mit Unternehmen und die Bewerbung ihrer Produkte oder Dienstleistungen kannst du Provisionen verdienen, wenn deine Leser über deine Affiliate-Links Käufe tätigen. Die Schlüssel zum Erfolg beim Affiliate Marketing sind eine gezielte Auswahl relevanter Partnerprogramme und das ehrliche Teilen von Produkten oder Dienstleistungen, die du selbst unterstützt und empfehlen kannst.

Die Erstellung digitaler Produkte ist eine weitere clevere Monetarisierungsstrategie. Indem du dein Fachwissen und deine Erfahrung nutzt, um E-Books, Online-Kurse, Webinare oder andere digitale Ressourcen zu erstellen, kannst du einen Mehrwert für deine Leser bieten und gleichzeitig Einkommen erzielen. Digitale Produkte haben den Vorteil, dass sie in der Regel einmal erstellt werden und dann beliebig oft verkauft werden können, ohne dass zusätzlicher Aufwand für die Produktion entsteht.

Die Schaltung von Werbung ist eine bekannte Methode, um Einnahmen aus deinem Blog zu generieren. Durch das Einbinden von Anzeigen von Werbenetzwerken oder direkten Kooperationen mit Werbetreibenden kannst du eine regelmäßige Einnahmequelle schaffen. Achte jedoch darauf, dass die Werbung nicht die Benutzererfahrung beeinträchtigt oder deine Glaubwürdigkeit als Blogger beeinflusst.

Der Verkauf von Links kann ebenfalls eine Einnahmequelle sein, aber hier ist Vorsicht geboten. Suchmaschinen wie Google sind gegen den Verkauf von Links, die nur für das Ranking erstellt wurden, und könnten deine Website abstrafen, wenn du diese Praxis übermäßig anwendest. Wenn du Links verkaufen möchtest, sollte es sich um natürliche und relevante Verbindungen handeln.

Wichtig ist, dass du deine Monetarisierungsstrategien transparent und für deine Leser nachvollziehbar gestaltest. Offene Kommunikation über Werbung und Affiliate-Links kann das Vertrauen deiner Leserschaft stärken und langfristige Beziehungen aufbauen.

Denke daran, dass die Art und Weise, wie du deinen Blog monetarisierst, sich im Laufe der Zeit ändern kann, abhängig von den Trends in der Branche und den Bedürfnissen deiner Zielgruppe. Experimentiere und teste verschiedene Ansätze, um herauszufinden, was am besten für deinen Blog und dein Publikum funktioniert.

Am wenigsten erfolgreich waren die Erstellung und der Verkauf von Online-Kursen. Ich muss ehrlicherweise zugeben, dass ich mehrere Kurse entwickelt habe, die sich alle nicht gut verkauften.

Inzwischen habe ich leise Zweifel daran, dass es bei anderen Bloggern wesentlich besser läuft. Es gibt ein riesiges Angebot an Online-Kursen – davon kannst du dich bei Digistore24 leicht überzeugen – zu jedem noch so abstrusen Thema:

Angefangen bei den zahlreichen Finanzkursen, die dir teilweise versprechen, schnell reich zu werden, über Mode & Fashion sowie Speedreading und Schneller lernen für Kids bis hin zu Filmen, wie du besser Tennis- oder Fußballspielen lernst oder über Bachblüten für Tiere gibt es für so ziemlich jeden Bedarf einen Online-Kurs, zumindest aber ein eBook oder Hörbuch, wie zum Beispiel für Mentaltraining im Golf.[1]

Es ist völlig normal, dass nicht jede Monetarisierungsstrategie sofort den gewünschten Erfolg bringt, und das gilt auch für die Erstellung und den Verkauf von Online-Kursen. Der Markt für Online-Kurse ist in der Tat sehr wettbewerbsintensiv und das Angebot an Kursen zu den unterschiedlichsten Themen scheint schier unendlich zu sein. Es kann eine Herausforderung sein, inmitten dieser Vielzahl von Angeboten sichtbar zu werden und potenzielle Kunden zu erreichen.

Es ist wichtig zu bedenken, dass der Erfolg von Online-Kursen nicht nur von der Qualität des Kurses selbst abhängt, sondern auch von anderen Faktoren wie

- Zielgruppenansprache,
- Marketingstrategie,
- Preissetzung und
- der Einzigartigkeit des Angebots.

Selbst wenn ein Kurs fachlich und inhaltlich hochwertig ist, kann er sich möglicherweise nicht gut verkaufen, wenn die potenziellen Kunden nicht ausreichend informiert oder überzeugt werden, dass dieser Kurs genau das bietet, was sie suchen.

Das breite Angebot an Online-Kursen kann sowohl eine Chance als auch eine Herausforderung sein. Einerseits zeigt es, dass es eine Nachfrage nach Online-Lernangeboten gibt, und es gibt sicherlich viele Menschen, die von Online-Kursen profitieren und bereit sind, in ihre persönliche Entwicklung zu investieren. Andererseits bedeutet die Vielzahl von Kursen, dass die Konkurrenz groß ist und es schwieriger sein kann, aus der Masse herauszustechen.

Es ist wichtig, sich nicht entmutigen zu lassen und daran zu denken, dass Misserfolge oder Herausforderungen normal sind, wenn man ein Unternehmen aufbaut oder neue Einnahmequellen erschließt. Es kann

---

[1] Vgl. die Übersicht bei digistore24 unter https://www.digistore24-app.com/de/home/extern/marketplace/index/all/category28/?search_product=golf&search_vendor=&search_billing_type=&search_exec=1&search_sort_by=stars&currency=EUR (Zugriff 07.07.2023).

hilfreich sein, Feedback von deinem Publikum einzuholen, um zu verstehen, warum die bisherigen Kurse nicht erfolgreich waren, und daraus zu lernen, um zukünftige Angebote zu verbessern.

Als Blogger hast du bereits eine etablierte Plattform und eine treue Leserschaft, die dir Vertrauen schenkt. Nutze diese Möglichkeit, um mit deinen Lesern in Dialog zu treten und ihre Bedürfnisse und Interessen besser zu verstehen. Vielleicht kannst du auf dieser Grundlage gezieltere Kurse entwickeln oder andere Formate wie E-Books oder Webinare in Betracht ziehen, die besser zu deinem Publikum passen.

Wichtig sind auch Geduld und Ausdauer. Manchmal braucht es Zeit und Experimentieren, um die richtige Monetarisierungsstrategie zu finden, die am besten zu deinem Blog und deiner Zielgruppe passt. Und letztendlich ist es auch okay, wenn bestimmte Ansätze nicht funktionieren. Jeder Misserfolg kann als Lernmöglichkeit dienen und dich näher zu denjenigen Strategien führen, die erfolgreicher sein können.

Bei meinen letzten Online-Kursen hatte ich mich für eine technische Lösung (Lumen5) entschieden, die bei den Abonnenten meines Newsletters – meinen potenziellen Käufern –, nicht gut ankam. Sie meldeten mir zurück, dass sie lieber Videos von mir gesehen hätten, in denen ich ihnen etwas aus meiner Know-how-Schatzkiste verraten hätte.

So kam es bei rund einem Drittel meiner Verkäufe zu Stornos und ich musste den Verkaufspreis erstatten, was jedes Mal sehr frustrierend war. Auch deshalb, weil es jedes Mal Wochen, wenn nicht Monate in Anspruch genommen hatte, so einen Kurs zu entwickeln. Das war Arbeit für die Katz gewesen.

Doch was funktioniert besser? Was automatisch regelmäßig hereinkam, waren Anfragen für bezahlte Gastartikel und den Verkauf von Links.

Es ist offensichtlich, warum du mit dem Verkauf von Links Geld verdienen kannst: Unternehmen, insbesondere Online-Shops, haben oft Schwierigkeiten, relevante Backlinks zu erhalten, insbesondere für bestimmte Produkte oder Kategorieseiten. Dadurch können sie bei Google nicht optimal ranken. Daher bietet der Linkverkauf Unternehmen eine einfache Möglichkeit, ihr Google-Ranking zu verbessern.

Jede Website im Netz möchte möglichst gut bei Google ranken und um dieses Ziel zu erreichen, braucht man Links von anderen Blogs (externe Links), die auf die eigene Website zeigen. Entweder schreibt man selbst Gastartikel für andere Blogs, was von der Blogakquise bis zum Verfassen des Artikels zeitaufwendig ist und viel Arbeit macht. Oder man kauft diese bei Internetagenturen oder spezialisierten Freelancern ein. Diese suchen dann wiederum Blogs, die bereit sind, einen bezahlten Gastartikel (Advertorial) mit einem Dofollow-Link zu veröffentlichen. Auf diese Weise werde ich regelmäßig von Freelancern, Agenturen und manchmal auch direkt von Websitebetreibern angeschrieben und wir kommen manchmal, aber nicht immer, zusammen. In der Regel scheitert es wenn, dann am Preis, da wir uns diesbezüglich oft nicht einigen können.

In Deutschland und der Eurozone werden höhere Preise für Advertorials akzeptiert als in den USA oder Asien. Doch es gibt nirgendwo eine offizielle Preisliste und du musst stets vorsichtig austarieren, was geht und was nicht. Es kann durchaus vorkommen, dass ich 299 € fordere und mir 40 USD geboten werden, wobei dann über PayPal bezahlt werden soll und noch einmal etwa 6 % Gebühren für mich anfielen. So etwas ist dann sicherlich kein lukratives Geschäft. Aber es kommt auch vor, dass ich 350 € für einen Link verlange und das von der Gegenseite anstandslos akzeptiert wird, wobei es sich meistens um größere Agenturen handelt und nicht um Freelancer, die oft als Einzelkämpfer arbeiten.

Jedenfalls ist der Verkauf von Advertorials meine Haupteinnahmequelle. Sie funktioniert von allen Einkommensquellen am besten. Nachfrage nach bezahlten Gastartikeln gibt es in der Regel mehrmals pro Woche. Und sie ist nur mit mäßig viel Arbeit verbunden.

Vorteile
- Geringer Aufwand
- Regelmäßige monatliche Einnahmen
- Hohe Ertragsmöglichkeiten, abhängig von der Autorität und Beliebtheit des eigenen Blogs
- Einfache Kundenakquise für Text-Links über Online-Portale wie SeedingUp.

Nachteile
- Möglichkeit einer Bestrafung durch Google beim Verkauf von Dofollow-Links
- SEO-Nachteile bei seitenweiten Verlinkungen, wie beispielsweise im Footer
- Verkauf von Dofollow-Links wird in der Bloggerszene als unprofessionell betrachtet.

Eine Abstrafung wird von Googles Webspam-Team manuell gegen eine Website verhängt, wenn diese gegen die Qualitätsrichtlinien von Google verstößt. Dies führt in der Regel zu einem drastischen Rückgang der Rankings und des organischen Traffics. Es ist wichtig zu beachten, dass die negativen Auswirkungen von Google Algorithmus-Updates nicht mit einer (manuellen) Abstrafung verwechselt werden sollten.

Google verwendet den Begriff „Abstrafungen" nicht in seiner Dokumentation. Stattdessen spricht es von manuellen und algorithmischen Maßnahmen.

Wenn deine Rankings und der Traffic deiner Website plötzlich sinken, ohne dass es technische SEO-Probleme gibt, könntest du entweder mit einer manuellen Maßnahme konfrontiert sein oder ein algorithmisches Update von Google hat dazu geführt, dass deine Website abgestuft wurde.

Manuelle Maßnahmen führen dazu, dass Seiten niedriger gerankt werden oder sogar aus den Suchergebnissen verschwinden. Nähere Informationen über eine eventuelle manuelle Maßnahme findest du in der Google Search Console.

Die Auswirkungen algorithmischer Anpassungen sind jedoch wesentlich schwerer zu erkennen, da Google keine Benachrichtigungen darüber verschickt.

Um eine algorithmische Maßnahme festzustellen, solltest du deinen organischen Google-Traffic überwachen und prüfen, ob ein Rückgang mit einem bekannten oder vermuteten Algorithmus-Update zusammenfällt.

Du kannst auch in Webmaster-Foren oder auf Twitter nachsehen, ob andere Webmaster ähnliche Probleme haben. Die Google Search Central Help Community[2] ist eine gute Anlaufstelle dafür.

---

[2] https://support.google.com/webmasters/community?hl=en (Zugriff 12.07.2023).

14 Monetarisierung – nur der einfachste Weg funktioniert

Die Einnahmen aus Affiliate-Marketing durch Werbeanzeigen auf meinem Blog sind ebenfalls leicht verdientes Geld, weil ich dafür nur die Werbeanzeigen geschaltet habe, mit denen verschiedene Online-Broker für die Eröffnung eines Wertpapierdepots werben. Klickt ein Leser meines Blogs auf solch ein Werbebanner und eröffnet ein Depot, erhalte ich eine Provision. Das lief mehrere Jahre gut, nur in letzter Zeit nicht mehr so erfolgreich.

Ein einfacher Weg, Geld zu verdienen, besteht darin, Werbeeinnahmen über das Werbenetzwerk *Ezoic* auf meinem Blog zu generieren.

Ezoic ist ein Technologieunternehmen und Google Publishing Partner aus Kalifornien, das künstliche Intelligenz einsetzt, um das Potenzial von Werbung auf einer Webseite optimal auszuschöpfen. Die Vorteile von *Ezoic* ergeben sich aus der umfassenden Nutzung seines Tool-Angebots, das auf künstlicher Intelligenz basiert. *Ezoic* ist im Wesentlichen ein Werbenetzwerk, das Display-Anzeigen auf deiner Website platziert. Dabei nutzt *Ezoic* Technologie, um die besten Anzeigen für deine Seite zu finden und so deine Einnahmen zu steigern.

Das Herzstück dieser Technologie ist der Ad Tester, der Hunderte von verschiedenen Anzeigenkombinationen testet und analysiert, um herauszufinden, was deinen Nutzern gefällt. Der Ezoic Ad Tester sorgt dafür, dass deine Besucher eine zufriedenstellende Nutzererfahrung haben, während gleichzeitig deine Einnahmen maximiert werden. Dies schafft eine Win-win-Situation für dich und deine Besucher.

Im Vergleich zu AdSense und anderen Display-Anzeigenprogrammen bietet *Ezoic* deutlich höhere Verdienstmöglichkeiten, da die Monetarisierung basierend auf Impressionen und nicht auf Klicks erfolgt. Deine Besucher brauchen die Anzeigen also nur zu sehen, ohne darauf klicken zu müssen.

15

Der Traum vom Schreiben hat auch Schattenseiten

Der Beruf des Bloggers bietet dir einerseits viele Freiheiten, hat aber andererseits auch seine Schattenseiten.

Zwar lebe ich meinen Traum vom Schreiben und habe alle erdenklichen Freiheiten, doch hat der Beruf des Bloggers auch seine weniger erfreulichen Seiten. So ist Bloggen ein recht einsames Geschäft. Du sitzt von morgens bis abends vor deinem Computer und tippst in die Tastatur.

15.1 Strategien gegen die Einsamkeit

Die Einsamkeit, die mit dem Beruf des Bloggers einhergeht, ist eine Herausforderung, der viele Blogger gegenüberstehen. Das Bloggen erfordert viel Zeit und Konzentration und es kann durchaus isolierend sein, den Großteil des Tages allein vor dem Computer zu verbringen.

Das Fehlen eines physischen Teams oder von Kollegen, mit denen man persönlich interagieren kann, kann dazu führen, dass sich Blogger manchmal abgeschnitten oder einsam fühlen. Der Mangel an direktem sozialem Kontakt kann dazu führen, dass das Gefühl der Verbundenheit und Zusammengehörigkeit mit anderen fehlt.

Ein weiterer Aspekt der Einsamkeit ist die Verantwortung, alles selbst zu erledigen. Als Blogger bist du nicht nur für das Schreiben von Inhalten verantwortlich, sondern auch für viele andere Aufgaben wie das Marketing, die Monetarisierung, die technische Wartung der Website und die Interaktion mit der Leserschaft. Diese Vielseitigkeit kann herausfordernd sein und gelegentlich zu einem Gefühl der Überlastung führen.

Um mit der Einsamkeit umzugehen und das Wohlbefinden als Blogger zu fördern, gibt es einige Möglichkeiten:

1. Virtuelle Netzwerke: Nutze soziale Medien, Foren oder Online-Communities, um dich mit anderen Bloggern oder Gleichgesinnten zu vernetzen. Der Austausch von Erfahrungen, Tipps und Ideen kann nicht nur inspirierend sein, sondern auch das Gefühl von Isolation verringern.
2. Blogger-Treffen und Konferenzen: Suche nach Gelegenheiten, an Blogger-Treffen oder Konferenzen teilzunehmen. Solche Veranstaltungen bieten die Möglichkeit, andere Blogger persönlich zu treffen, Erfahrungen auszutauschen und neue Kontakte zu knüpfen.
3. Gemeinsame Projekte: Kooperiere mit anderen Bloggern oder Experten in deiner Nische, um gemeinsame Projekte oder Gastbeiträge zu erstellen. Durch die Zusammenarbeit kannst du nicht nur von anderen lernen, sondern auch die Reichweite deiner Inhalte erhöhen.
4. Offline-Aktivitäten: Suche nach Gelegenheiten, um offline aktiv zu sein, sei es in Vereinen, Interessengruppen oder lokalen Veranstaltungen. Diese Aktivitäten können eine willkommene Abwechslung von der digitalen Welt bieten und neue Kontakte außerhalb des Bloggens ermöglichen.
5. Bewusste Pausen: Plane bewusste Pausen und Zeit für Erholung ein. Gehe spazieren, treibe Sport, betreibe Hobbys oder genieße Zeit mit Freunden und Familie. Diese Auszeiten sind wichtig, um den Geist zu erfrischen und die Batterien wieder aufzuladen.
6. Mentorenschaft: Suche nach einem Mentor oder einer Mentorengemeinschaft, die dich unterstützen und motivieren kann. Der Austausch mit erfahrenen Bloggern oder Personen, die ähnliche Ziele verfolgen, kann wertvolle Perspektiven bieten.

Die Einsamkeit des Bloggens kann eine Herausforderung sein, aber es gibt Strategien, um dem entgegenzuwirken und ein gesundes Gleichgewicht zwischen beruflicher Leidenschaft und sozialem Wohlbefinden zu finden. Indem du dich bewusst mit anderen vernetzt und auch Zeit für offline Aktivitäten einplanst, kannst du die Einsamkeit reduzieren und deine Blogging-Erfahrung positiver gestalten.

Aber alles hat zwei Seiten. Dafür habe ich keine Grabenkämpfe mit Kollegen und auch keinen Stress mit einem Chef. Beides gibt es in meinem Berufsleben schlicht und ergreifend nicht.

Zu anderen Bloggern bestehen einige lose Kontakte, doch gibt es hier keine intensive Kommunikation. Ausnahme ist mein Freund *Bijan*, den ich übers Bloggen kennenlernte und mit dem ich seit Jahren gut befreundet bin. Mit ihm stehe ich in einem regen Austausch.

Die meisten beruflichen Kontakte laufen über E-Mails und ich telefoniere berufsbedingt eher selten. Doch will ich mich nicht beklagen, denn ich arbeite sehr gern mit dem Computer. Lieber als mit Menschen und ich vermisse die beruflichen Kontakte nicht ernsthaft.

Ich hätte auch gut Software-Entwickler werden können; schließlich habe ich in meiner Diplomarbeit ein Programm im Fach Statistik entwickelt, das später jahrelang in der Lehre (Statistical Computing) eingesetzt wurde. Dabei hat mir das Programmieren damals ähnlich viel Freude bereitet wie heute das Schreiben.

15.2 Das kennzeichnet Soloselbstständige

Soloselbstständige wie ich sind Personen, die ihre berufliche Tätigkeit allein und eigenverantwortlich ausüben, ohne Angestellte oder Partner. Sie arbeiten in verschiedenen Branchen und Berufen, wie zum Beispiel Freiberufler, Künstler, Berater, Webdesigner und Schriftsteller. Aufgrund ihrer spezifischen beruflichen Situation haben Soloselbstständige oft eine einzigartige mentale Struktur und Bedürfnisse. Hier sind einige Merkmale und Aspekte, die Soloselbstständige häufig betreffen:

1. Autonomie: Soloselbstständige haben die Freiheit, ihre Arbeit unabhängig zu gestalten und Entscheidungen allein zu treffen. Dies kann

ein Gefühl von Selbstbestimmung und Eigenverantwortung vermitteln, aber auch Druck erzeugen, da sie für den Erfolg oder Misserfolg ihrer Tätigkeit ganz allein verantwortlich sind.
2. Einsamkeit: Es fehlt ihnen der tägliche Austausch mit Kollegen und die Möglichkeit, Ideen und Erfahrungen zu teilen. Die Einsamkeit kann sich auf die Motivation und das allgemeine Wohlbefinden auswirken.
3. Flexibilität und Unsicherheit: Soloselbstständige haben oft die Flexibilität, ihre Arbeitszeiten und -orte selbst zu bestimmen. Sie können ihre Projekte und Kunden auswählen. Gleichzeitig sind sie jedoch auch mit Unsicherheiten konfrontiert, wie unregelmäßigen Einkommen, schwankender Auftragslage und der Notwendigkeit, selbst für Sozialversicherung und Altersvorsorge zu sorgen.
4. Selbstmotivation und Selbstmanagement: Soloselbstständige müssen ihre Arbeit selbst organisieren, Termine einhalten, Aufgaben priorisieren und sich selbst motivieren. Sie sind für ihren eigenen Erfolg verantwortlich und müssen oft mehrere Rollen erfüllen, wie z. B. Vertrieb, Buchhaltung und Marketing.
5. Netzwerkaufbau: Ein starkes Netzwerk kann für Soloselbstständige von großer Bedeutung sein. Der Aufbau von beruflichen Kontakten, Kooperationen und Unterstützungsnetzwerken kann ihnen helfen, neue Aufträge zu finden, Wissen auszutauschen und sich emotional zu stärken.
6. Stressbewältigung und Work-Life-Balance: Soloselbstständige können einem hohen Maß an Stress und Arbeitsbelastung ausgesetzt sein. Es kann schwierig sein, Arbeit und persönliches Leben voneinander zu trennen, was zu einem Ungleichgewicht und langfristig zu Burnout führen kann. Die Entwicklung von Stressbewältigungsstrategien und einer gesunden Work-Life-Balance ist daher entscheidend.

Es ist wichtig zu beachten, dass nicht alle Soloselbstständigen die gleichen Erfahrungen machen. Die individuelle mentale Struktur kann je nach Persönlichkeit, Branche und Lebenssituation variieren. Einige Soloselbstständige können die Freiheit und Flexibilität ihrer Arbeit genießen, während andere mit den Herausforderungen der Selbstständigkeit zu kämpfen haben. Unterstützung durch Mentoren, Fachverbände oder

15 Der Traum vom Schreiben hat auch Schattenseiten

Coaching kann für Solosselbstständige hilfreich sein, um ihre mentale Gesundheit zu stärken und ihre berufliche Situation zu verbessern.

Ein weiterer Nachteil meines Jobs ist wie bereits gesagt der finanzielle Aspekt. Während angestellte Arbeitnehmer neben einem regelmäßigen Gehalt oft noch Urlaubs- und Weihnachtsgeld erhalten, kann ich als Selbstständiger von solchen Vergünstigungen nur träumen. Deshalb konnte ich in den letzten Jahren auch nur selten Urlaub machen.

Doch ich habe ein Hobby, das nicht viel kostet: Wandern in Paderborn und Umgebung. Wir haben hier das Eggegebirge und den Teutoburger Wald in unmittelbarer Nähe sowie das Wiehengebirge, das Weserbergland, das Nordhessische Bergland und das Sauerland in einem Umkreis von deutlich weniger als 100 km. Du findest hier kaum eine Wanderstrecke, die nicht wenigstens 200 bis 300 Höhenmeter hat und es gibt auch Strecken, die deutlich mehr Auf- und Abstiege haben. Da bin ich am Wochenende regelmäßig unterwegs.

Insgesamt bin ich mit meinem Leben heute aber trotzdem wesentlich zufriedener als zu den Zeiten, in denen ich ein sechsstelliges Jahreseinkommen bezogen habe, aber mit meinem Job todunglücklich war. Dieses Buch zu schreiben, macht mir unglaublich viel Spaß und verschafft mir eine tiefgehende Befriedigung. Ich genieße Zeile für Zeile, die ich niederschreibe. Trotzdem war meine Motivation über die bisherigen acht Jahre als Finanzblogger nicht immer auf demselben gleichhohen Niveau.

16

Die Motivation verläuft in Sinuswellen

Wenn du jahrelang derselben Tätigkeit nachgehst, gibt es neben den Phasen, in denen du hoch motiviert bist, auch Zeiten, in denen die Motivation ziemlich im Keller ist. Solche Schwankungen sind bei einer längeren beruflichen Tätigkeit unvermeidlich und auch im Bereich des Bloggens keine Ausnahme.

Auch wenn man seine Leidenschaft für das Schreiben und das Teilen von Inhalten liebt, kann es Phasen geben, in denen die Motivation im Keller ist. Es gibt verschiedene Gründe, warum die Motivation im Zeitablauf schwanken kann:

1. Routine und Monotonie: Nach einer Weile kann das wiederholte Schreiben von Blogbeiträgen zu einer gewissen Routine führen, die die Kreativität und die Motivation dämpfen kann. Die Ideen können knapp werden und das Schreiben kann sich wie eine lästige Pflicht anfühlen.
2. Erfolg und Misserfolg: Der Erfolg eines Blogs kann variieren und in Zeiten, in denen die Besucherzahlen stagnieren oder die Einnahmen zurückgehen, kann die Motivation sinken. Es kann frustrierend sein, wenn man viel Zeit und Mühe in Inhalte investiert, die nicht die erwartete Resonanz erhalten.

3. Persönliche Umstände: Externe Faktoren wie persönliche Herausforderungen, Gesundheitsprobleme oder Stress können sich negativ auf die Motivation auswirken und es schwierig machen, sich auf die Arbeit zu konzentrieren.
4. Kreative Blockaden: Jeder Kreative kennt das Phänomen einer kreativen Blockade, in der die Ideen nicht fließen und das Schreiben sich schwer anfühlt.
5. Burnout: Langfristige berufliche Tätigkeiten, einschließlich des Bloggens, können zu Burnout führen, wenn man sich überarbeitet und ausgebrannt fühlt.

Es ist wichtig zu akzeptieren, dass solche Motivationsschwankungen völlig normal sind und sie nicht als Scheitern zu betrachten. Es ist keine Schwäche, Zeiten einer geringeren Motivation zu durchlaufen – jeder Mensch erlebt solche Phasen im Laufe seines beruflichen Lebens.

Um mit solchen Herausforderungen umzugehen, kannst du folgende Schritte unternehmen:

1. Pausen einlegen: Wenn die Motivation im Keller ist, kann es hilfreich sein, sich eine kurze Auszeit zu nehmen, um sich zu erholen und neue Energie zu tanken.
2. Kreativität anregen: Suche nach Möglichkeiten, um deine Kreativität zu stimulieren. Das Lesen von inspirierenden Büchern, das Ansehen von relevanten Videos oder das Teilnehmen an kreativen Workshops können dabei helfen.
3. Ziele setzen: Setze klare und erreichbare Ziele für deinen Blog, um dich zu fokussieren und deine Motivation wieder anzukurbeln.
4. Networking: Suche nach Möglichkeiten, dich mit anderen Bloggern oder Experten in deiner Nische auszutauschen. Der Austausch von Ideen und Erfahrungen kann motivierend sein.
5. Selbstfürsorge: Achte auf deine Gesundheit und dein Wohlbefinden. Eine ausgewogene Work-Life-Balance und genügend Erholung sind wichtig, um die Motivation aufrechtzuerhalten.
6. Neue Herausforderungen suchen: Neue Themen oder Formate auszuprobieren kann frischen Wind in dein Blogging bringen und die Motivation steigern.

16 Die Motivation verläuft in Sinuswellen

Und vor allem: Sei nachsichtig mit dir selbst. Es ist normal, Zeiten der geringeren Motivation zu erleben, aber diese Phasen gehen vorüber. Die Leidenschaft für das Bloggen wird sich früher oder später wieder entfachen und du wirst neue Energie finden, um deine Ziele zu verfolgen und weiterhin erfolgreich zu sein.

Ich bin also längst nicht jeden Tag im Flow und es gibt auch Momente, da würde ich am liebsten die Brocken hinschmeißen; zum Beispiel nach einer Abstrafung durch Google.

Jedenfalls hat sich meine Motivation in den letzten acht Jahren in Wellen bewegt: Mal war ich voller Begeisterung bei der Sache, dann gab es auch wieder Phasen, in denen ich weitaus weniger Lust hatte.

Hinzu kamen äußere Umstände wie der Ausbruch der Coronakrise und der Krieg in der Ukraine. Beide Ereignisse haben meinen Umsatz zeitweise stark einbrechen lassen. Hatte ich im ersten Quartal 2020 – als Corona bei uns ausbrach – noch einen Umsatz von 5144,36 €, waren es im zweiten Quartal gerade einmal 1857,46 €. Da kommen existenzielle Sorgen auf. Ähnlich war es im Jahr 2022 nach dem Überfall Russlands auf die Ukraine. Im März hatte ich nur noch einen Umsatz von 511,91 €, nachdem es im Januar noch 2253,34 € gewesen waren.

In den ersten Jahren als Finanzblogger hat mich oft ein gewisser Enthusiasmus und Optimismus angetrieben. Man teilt seine finanziellen Kenntnisse und Erfahrungen mit der Welt und baut eine Leserschaft auf. Es ist erfüllend zu sehen, wie die eigenen Artikel gelesen und kommentiert werden, und man spürt die positive Resonanz der Leserinnen und Leser.

In meinem ersten Jahr als Blogger war mein Blog sogar für den *comdirect Finanzblog Award* nominiert. Das war 2015.

Der comdirect Finanzblog Award
Der *comdirect Finanzblog Award* ist eine jährliche Auszeichnung, die von der comdirect Bank AG, einer deutschen Direktbank, vergeben wird. Das Ziel des Awards ist es, qualitativ hochwertige Finanzblogs und deren Schreiber zu würdigen und zu fördern.

Der Award wird an Finanzbloggerinnen und -blogger verliehen, die durch ihre Beiträge und Inhalte einen Mehrwert für ihre Leserschaft schaffen und dabei relevante und nützliche Informationen rund um das Thema Finanzen liefern. Die nominierten Blogs decken eine breite Palette von Finanzthemen ab, darunter persönliche Finanzen, Geldanlage, Versicherungen, Altersvorsorge, Steuern und vieles mehr.

Der Wettbewerb besteht aus verschiedenen Kategorien, die von Jahr zu Jahr variieren können, je nach den aktuellen Trends und Entwicklungen in der Finanzbranche. Die Gewinner der einzelnen Kategorien erhalten nicht nur eine Auszeichnung und Anerkennung für ihre Arbeit, sondern auch attraktive Geldpreise, die sie in ihrer weiteren Blogger-Tätigkeit unterstützen.

Die Auszeichnung wird von einer Jury vergeben, die aus Fachleuten der Finanzbranche, Vertretern der comdirect Bank AG und erfahrenen Bloggern besteht. Die Jury bewertet die nominierten Blogs anhand verschiedener Kriterien, wie Originalität, Informationsgehalt, Qualität der Beiträge, Leserinteraktion und Relevanz für die Zielgruppe.

Der *comdirect Finanzblog Award* ist eine beliebte Veranstaltung in der deutschen Finanzblogging-Szene und bietet den Bloggern eine wertvolle Plattform, um ihre Arbeit einem breiteren Publikum zu präsentieren und ihre Reichweite zu erhöhen. Gleichzeitig trägt der Award dazu bei, das Bewusstsein für finanzielle Bildung und die Bedeutung von hochwertigen Finanzinformationen zu fördern.

Zwar habe ich 2015 keinen der vier Preise gewonnen, doch war es ein Erfolg für mich, von 42 teilnehmenden Finanzblogs zu den zehn zu gehören, die für die Endrunde nominiert worden waren. Diese fand von Freitagmittag bis Samstagabend in Offenbach statt und ich lernte auf diese Weise einige der Bloggerkollegen persönlich kennen.

In dieser Hochphase kann man auch das Wachstum des Blogs verzeichnen, sowohl in Bezug auf die Reichweite als auch auf die Einnahmen durch Werbung, Affiliate Marketing und Kooperationen.

Allerdings können sich im Laufe der Zeit auch Tiefpunkte einstellen. Ein solcher war die algorithmische Abstrafung meines Blogs durch die Suchmaschine Google, wie Abb. 16.1 zeigt.

Sie begann im Oktober 2020 und ging bis Juni 2021. Dabei wird man nicht darüber informiert, sondern die Besucherzahlen brechen von heute auf morgen dramatisch ein (Abb. 16.2).

Die algorithmische Abstrafung eines Blogs durch Google wegen Linkverkauf bezieht sich auf eine Maßnahme, die von Google ergriffen wird, um Websites zu bestrafen, die gegen die Richtlinien für Webmaster verstoßen. Der Verkauf von Links beinhaltet den Austausch von Geld oder

16 Die Motivation verläuft in Sinuswellen

Abb. 16.1 Beginn der Google-Abstrafung

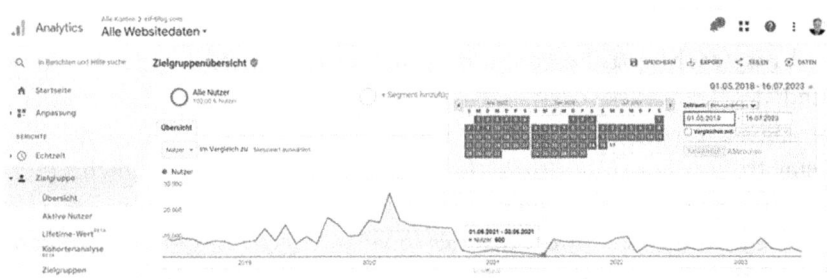

Abb. 16.2 Ende der Google-Abstrafung

anderen Anreizen für das Platzieren von Backlinks auf einer Website, um das Suchmaschinenranking zu manipulieren.

Google betrachtet den Linkverkauf als einen Verstoß gegen seine Richtlinien, da dies die natürliche Relevanz und Glaubwürdigkeit einer Website beeinflusst. Das Ziel von Google ist es, den Benutzern hochwertige und relevante Suchergebnisse zu bieten. Daher werden Websites, die versuchen, das Ranking durch den Kauf von Links zu manipulieren, mit Abstrafungen konfrontiert.

Die algorithmische Abstrafung kann verschiedene Auswirkungen auf den betroffenen Blog haben. Hier sind einige mögliche Konsequenzen:

1. Rankingverlust: Der Blog kann in den Suchergebnissen von Google erheblich an Sichtbarkeit verlieren. Seiten, die gegen die Richtlinien verstoßen, werden oft auf niedrigere Positionen oder sogar auf spätere Seiten der Suchergebnisse verschoben.

2. Verlust des organischen Traffics: Da die Sichtbarkeit in den Suchergebnissen abnimmt, kann der Blog einen erheblichen Rückgang des organischen Traffics erfahren. Dies kann zu einem Verlust von Besuchern, Lesern und potenziellen Einnahmen führen.
3. Manuelle Maßnahmen: Neben der algorithmischen Abstrafung kann Google auch manuelle Maßnahmen gegen den Blog ergreifen. Dies bedeutet, dass ein Mitarbeiter von Google den Verstoß gegen die Richtlinien feststellt und spezifische Maßnahmen ergreift, um den Blog zu bestrafen. In solchen Fällen kann der Blog von bestimmten Suchergebnissen ausgeschlossen oder schlimmstenfalls sogar aus dem Google-Index entfernt werden.

Es ist wichtig zu beachten, dass die Wiederherstellung des Rankings und des Traffics nach einer algorithmischen Abstrafung Zeit und Anstrengung erfordert. Es gibt zudem keine Garantie dafür, dass der Blog seine frühere Position zurückerlangt. Daher ist es ratsam, möglichst nicht gegen die Richtlinien von Google zu verstoßen.

Die Konkurrenz im Bereich des Finanzbloggens ist groß und es kann schwierig sein, sich von anderen abzuheben (siehe Abb. 16.3).

Es kann passieren, dass man sich inhaltlich wiederholt oder schwer damit tut, neue und interessante Themen zu finden. Auch finanziell kön-

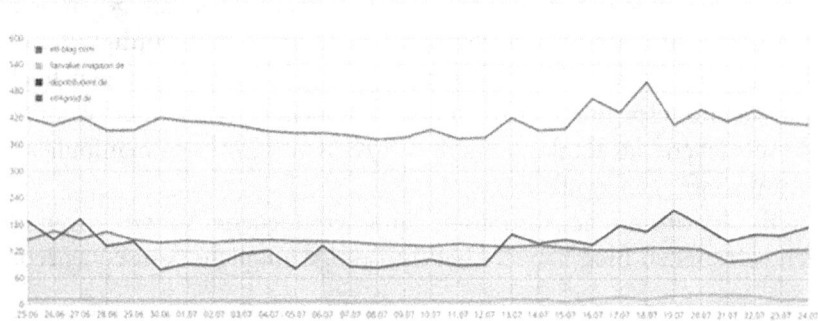

Abb. 16.3 ETF-Blog.com im Wettbewerb mit ausgewählten Wettbewerbern. (Quelle: Mit freundlicher Genehmigung von Seobility SEO Software, https://www.seobility.net/de/)

nen Durststrecken auftreten, insbesondere, wenn Werbeeinnahmen zurückgehen oder Kooperationen ausbleiben. Dies kann zu Zweifeln an der eigenen Arbeit und Motivation führen.

Um diesen Tiefpunkten entgegenzuwirken, ist es wichtig, den Blick auf das große Ganze nicht zu verlieren. Man sollte sich immer daran erinnern, warum man den Beruf des Finanzbloggers gewählt hat und welches Ziel man verfolgt. Es kann hilfreich sein, sich regelmäßig mit anderen Bloggern auszutauschen, um neue Inspiration zu erhalten und von deren Erfahrungen zu lernen. Zudem sollte man sich stetig weiterbilden und sich über aktuelle Entwicklungen in der Finanzwelt auf dem Laufenden halten, um den Leserinnen und Lesern stets relevanten und wertvollen Content bieten zu können.

In diesem Zusammenhang sind mir die Gespräche mit meinem Freund *Bijan* sehr wichtig, der ebenfalls u. a. Blogger ist. Der Austausch zwischen Selbstständigen darf von seiner Bedeutung her keinesfalls unterschätzt werden. Mit jemandem, der angestellt ist, könnte ich diese Gespräche nicht führen und auf dieses Verständnis stoßen, wie es zwischen uns herrscht. Immer wieder geben wir uns gegenseitig Tipps und entwickeln Ideen, die auch dem anderen helfen und ihn unterstützen.

Schlussendlich ist der Beruf des Finanzbloggers wie jede andere berufliche Tätigkeit über die Jahre betrachtet mit Höhen und Tiefen verbunden. Es erfordert Ausdauer, Engagement und die Fähigkeit, sich von Rückschlägen nicht entmutigen zu lassen. Mit der richtigen Einstellung und der Bereitschaft, sich den Herausforderungen zu stellen, kann man jedoch langfristig erfolgreich sein und seine Passion für das Bloggen aufrechterhalten.

17

Man muss neue Wege gehen und Dinge ausprobieren

Wer auf der Suche nach seiner Berufung ist, aber nie neue Wege beschreitet und nichts Neues ausprobiert, wird diese vermutlich nie finden.

Die Suche nach der eigenen Berufung ist eine Reise, die Selbstreflexion, Entdeckung und Offenheit erfordert. Wenn jemand nicht bereit ist, neue Wege zu beschreiten und etwas Neues auszuprobieren, bleibt er möglicherweise in einem Zustand des Stillstands und wird Schwierigkeiten haben, seine wahre Berufung zu entdecken.

Schließlich hat sich auch die Evolution nach dem Prinzip von Versuch und Irrtum vollzogen und wer auf der Suche nach seiner wahren Berufung ist, sollte Dinge ausprobieren und neue Wege beschreiten, um neue Erfahrungen, aber auch Fehler zu machen, um daraus zu lernen.

Um die eigene Berufung zu entdecken, ist es wichtig, sich von eingefahrenen Denkmustern und Routinen zu lösen. Es erfordert Mut, Komfortzonen zu verlassen und sich neuen Herausforderungen zu stellen. Das bedeutet nicht zwangsläufig, den aktuellen Beruf oder die aktuelle Karriere aufzugeben, sondern vielmehr die Bereitschaft, neue Interessen zu erkunden und Talente zu entwickeln. Das kann man unter anderem bei den Volkshochschulen tun, die in der Regel ein vielfältiges und buntes Seminarangebot haben.

Die Suche nach der Berufung erfordert oft eine Kombination aus Selbstreflexion und Handeln. Es ist wichtig, sich selbst zu hinterfragen und zu verstehen, was einen wirklich erfüllt und motiviert. Was sind die persönlichen Stärken, Leidenschaften und Werte? Welche Tätigkeiten und Themen bringen Freude und Begeisterung?

Es kann hilfreich sein, verschiedene Aktivitäten oder Interessen auszuprobieren, sei es durch ehrenamtliche Tätigkeiten, Weiterbildungen, Hobbys oder Praktika. Die Erfahrungen, die sich daraus ergeben, können dazu beitragen, sich selbst besser kennenzulernen und herauszufinden, was einem wirklich am Herzen liegt.

Es ist auch wichtig, offen für Veränderungen zu sein und nicht dem Druck zu erliegen, sich auf einen bestimmten Beruf oder eine bestimmte Karriere festzulegen. Die Berufung kann sich im Laufe des Lebens entwickeln und verändern und es ist in Ordnung, sich auf den Weg zu machen und zu erkunden, was das Leben zu bieten hat.

Wichtig ist auch, sich von negativen Glaubenssätzen oder Ängsten nicht einschränken zu lassen. Die Gedanken „Was ist, wenn ich scheitere?" oder „Was werden die anderen denken?" können zu Lähmung führen. Es ist wichtig, diese Gedanken bewusst anzuerkennen, aber sie nicht die Kontrolle über die Handlungen gewinnen zu lassen.

Die Suche nach der eigenen Berufung ist eine wertvolle Reise, die einem erlaubt, sein volles Potenzial zu entfalten und ein erfülltes Leben zu führen. Es mag einige Zeit und Anstrengung erfordern, aber durch die Bereitschaft, neue Wege zu beschreiten und Neues auszuprobieren, kann man schließlich seine wahre Berufung finden und ein erfüllendes und glückliches Arbeitsleben führen.

17.1 Einfach mal praktisch ausprobieren

Ich hatte einmal einen Klienten im Coaching, der mit knapp über 40 Jahren seinen Job verloren hatte und davon träumte, seine Berufung zu leben. Allein er kannte sie nicht, diese seine Berufung.

Sein vorheriger Job als Führungskraft in der Industrie war es jedenfalls nicht gewesen. Seine Verweilzeit im Job war von einer Stelle zur nächsten Stelle stetig gesunken.

17 Man muss neue Wege gehen und Dinge ausprobieren

Doch er war der Überzeugung, das Problem allein mit seinem Verstand lösen zu können, ohne irgendwelche neuen Wege auszuprobieren. Er las viele Bücher, machte einen Persönlichkeitstest nach dem anderen und gelangte doch nicht ans Ziel.

Immer wieder machte ich ihm den Vorschlag, mal ein Praktikum hier oder eine Probearbeit dort oder einen Kurs an einer Volkshochschule in einem für ihn neuen Fachgebiet zu absolvieren, von dem er meinte, es könnte ihn interessieren.

Die These, dass praktische Erfahrungen wichtig sind, um ein Bauchgefühl dafür zu entwickeln, ob ein Job zur eigenen Berufung passt, ist durchaus berechtigt. Theoretisches Wissen über einen Beruf kann eine gute Ausgangsbasis sein, um die grundlegenden Aspekte und Anforderungen eines Jobs zu verstehen. Jedoch können praktische Erfahrungen einen tieferen Einblick und eine realistischere Einschätzung darüber bieten, wie es ist, tatsächlich in diesem Berufsfeld zu arbeiten.

Durch praktische Erfahrungen kann man herausfinden, ob man die notwendigen Fähigkeiten und Kompetenzen besitzt, um den Anforderungen des Jobs gerecht zu werden. Man kann erleben, wie es ist, den Alltag und die Herausforderungen des Berufs aus erster Hand zu bewältigen. Diese Erfahrungen ermöglichen es einem, die praktische Seite des Berufs zu verstehen und festzustellen, ob man darin aufgeht, ob der Job einem Freude bereitet und ob man sich in ihm weiterentwickeln kann.

Praktische Erfahrungen erlauben es auch, einen Einblick in die Arbeitskultur und das Arbeitsumfeld zu gewinnen. Man kann die Dynamik und den Teamgeist eines Arbeitsplatzes erleben und herausfinden, ob man sich darin wohl und motiviert fühlt. Zudem kann man den eigenen Wertekompass mit den Werten des Unternehmens oder der Branche abgleichen und feststellen, ob sie miteinander übereinstimmen.

Darüber hinaus bieten praktische Erfahrungen die Möglichkeit, verschiedene Aspekte eines Berufs zu erkunden. Man kann verschiedene Tätigkeitsbereiche oder Branchen ausprobieren, um herauszufinden, was einem am besten liegt und wo man seine Stärken und Interessen am besten einbringen kann. Es ermöglicht einem, ein breiteres Verständnis der eigenen Präferenzen und Talente zu entwickeln und somit besser einschätzen zu können, welche berufliche Richtung am besten zur eigenen Berufung passt.

Allerdings ist es wichtig zu beachten, dass praktische Erfahrungen allein nicht ausreichen, um die perfekte Berufung zu finden. Selbstreflexion, Selbstkenntnis und die Berücksichtigung persönlicher Werte und Ziele spielen ebenfalls eine entscheidende Rolle. Praktische Erfahrungen dienen jedoch als wichtige Ergänzung und ermöglichen, eine bessere Entscheidungsgrundlage zu gewinnen und ein Bauchgefühl zu entwickeln, ob ein bestimmter Job zur eigenen Berufung passt.

Aber mein Klient weigerte sich beharrlich und war der Ansicht, das Problem quasi mathematisch nur durch logisches Denken lösen zu können.

Dabei sind es gerade die praktischen Erfahrungen und das Bauchgefühl, dass du bei der Ausübung dieser Tätigkeiten entwickelst, die dich auf den richtigen Weg bringen.

Wirtschaftlich war er in einer komfortablen Situation: er bezog aus einer Erbschaft jeden Monat 2000 €. Auch war er nicht bereit, finanziell Abstriche zu machen; schließlich hatte er mal ein sechsstelliges Jahreseinkommen bezogen. Ein hoher Lebensstandard sollte auf jeden Fall gewährleistet sein. Dazu fällt mir nur das chinesische Sprichwort ein, dass nur, wer loslässt, auch zwei Hände frei hat. Noch rief ab und zu ein Headhunter bei ihm an, doch die Anrufe wurden immer seltener, bis sie irgendwann ganz ausblieben.

Ich bin dagegen eher ein „Macher", der Dinge ausprobiert und in seinem Leben immer wieder neue Wege eingeschlagen hat. So habe ich seit meinem 14. Lebensjahr in über 20 verschiedenen Berufen für mindestens eine Woche (inklusive Ferienjobs während der Schulzeit und in der vorlesungsfreien Zeit im Studium) gearbeitet.

Dabei handelte es sich um folgende Jobs:

- Beetpfleger in der Stadtgärtnerei
- Hilfsarbeiter im Sägewerk
- Bauhelfer im Hoch- und Tiefbau
- Produktionshelfer in verschiedenen Fabriken
- Diskjockey
- Kellner/Bedienung
- Soldat
- Student

17 Man muss neue Wege gehen und Dinge ausprobieren

- Beifahrer einer Brauerei
- Praktikant
- Programmierer
- Wissenschaftlicher Mitarbeiter
- Finanzberater
- Immobilienmakler
- Referent/Abteilungsleiter
- Day-Trader
- Verwaltungskraft in einem Tagespflegeheim
- Schriftsteller
- Lektor in einem Verlag
- Dozent/Trainer
- Internetbuchhändler
- Bewerbungs-/Berufsfindungscoach
- Coach/Finanzcoach
- Freiberuflicher Texter und Autor für Textagenturen
- Blogger und Internetunternehmer
- Alltagsbegleiter für Senioren.

Selbst wenn man nur eine Woche lang einen Job ausübt, entwickelt man ein Gespür dafür, ob man ihn auf längere Sicht fortsetzen könnte oder nicht. In solchen Momenten spricht das Bauchgefühl zu einem, das eng mit dem Unterbewusstsein verbunden ist. Intuitive Entscheidungen haben stets eine Logik, die jedoch vom bewussten Verstand nicht immer erfasst wird. Das Vertrauen in die Intuition zahlt sich aber oft aus.

Die These, dass die Berufung sich im Laufe eines Berufslebens weiterentwickelt, ist absolut zutreffend. Die Vorstellung, dass die Berufung ein fester und unveränderlicher Zustand ist, greift oft zu kurz. Die persönlichen Interessen, Talente und Ziele können sich im Laufe der Zeit verändern, und somit kann auch die Definition der eigenen Berufung im Wandel sein.

Während man sich beruflich entwickelt und neue Erfahrungen sammelt, können sich neue Leidenschaften, Interessen und Fähigkeiten entwickeln. Diese Veränderungen können dazu führen, dass man sich in unterschiedlichen Phasen seines Berufslebens zu verschiedenen Berufungen hingezogen fühlt. Es ist wichtig, sich für neue Möglichkeiten zu öffnen und sich weiterzuentwickeln, um den sich wandelnden Bedürfnissen und Zielen gerecht zu werden.

Zudem können äußere Umstände, wie technologischer Fortschritt, wirtschaftliche Veränderungen oder gesellschaftliche Trends auch Auswirkungen auf die Berufung haben. Neue Berufsfelder können entstehen, während andere an Bedeutung verlieren. Es ist wichtig, sich diesen Veränderungen anzupassen und offen für neue berufliche Wege und Perspektiven zu sein.

Darüber hinaus spielt auch die persönliche Entwicklung eine Rolle. Im Laufe der Zeit können sich unsere Werte, Prioritäten und Lebensziele verändern. Dies kann dazu führen, dass wir unsere Berufung neu definieren und nach beruflichen Möglichkeiten suchen, die besser mit unseren aktuellen Überzeugungen und Lebensphasen in Einklang stehen.

Die Entwicklung der Berufung im Laufe eines Berufslebens erfordert Selbstreflexion, Neugierde und den Mut, neue Wege einzuschlagen. Es geht darum, sich selbst immer wieder zu hinterfragen, zu lernen und zu wachsen. Flexibilität und Anpassungsfähigkeit sind entscheidende Eigenschaften, um den Wandel zu umarmen und die eigene Berufung zu entdecken oder neu zu definieren.

Insgesamt ist die Entwicklung der Berufung ein natürlicher Prozess, der sich im Laufe der Zeit entfaltet. Es ist wichtig, sich von starren Vorstellungen zu lösen und den Raum zu schaffen, um sich beruflich weiterzuentwickeln und neue Möglichkeiten zu erkunden. Indem wir offen für Veränderungen bleiben und uns selbst erlauben, uns zu entdecken und zu entfalten, können wir eine erfüllende und sich entwickelnde Berufung finden, die uns während unseres gesamten Berufslebens begleitet.

17.2 Jeder ist seines Glückes Schmied

Leider wollte mein früherer Klient sich nicht weiterhelfen lassen und wir haben uns dann aus den Augen verloren – im Grunde genommen ein tragisches Schicksal, aber wie heißt es so schön? Jeder ist seines Glückes Schmied.

Die Volksweisheit „Jeder ist seines Glückes Schmied" betont die Bedeutung der eigenen Handlungen und Entscheidungen bei der Gestal-

17 Man muss neue Wege gehen und Dinge ausprobieren 143

tung des eigenen Glücks und Erfolgs im Leben. Er drückt aus, dass wir selbst für unser Schicksal verantwortlich sind und die Möglichkeit haben, unsere eigenen Wege zu wählen und unser Leben in die gewünschte Richtung zu lenken.

Dieser Spruch ermutigt uns dazu, die Verantwortung für unser Leben zu übernehmen und aktiv zu handeln, anstatt uns passiv den Umständen zu unterwerfen. Er erinnert uns daran, dass wir die Fähigkeit haben, unser Schicksal durch unsere eigenen Entscheidungen, Einstellungen und Bemühungen zu beeinflussen.

Jeder Mensch hat seine individuellen Stärken, Talente und Fähigkeiten, die er nutzen kann, um seine Ziele zu verfolgen und Erfolg zu erlangen. Es geht darum, diese Ressourcen zu erkennen, zu entwickeln und einzusetzen, um Hindernisse zu überwinden und Chancen zu nutzen.

Natürlich gibt es auch externe Einflüsse und Umstände, die wir nicht immer kontrollieren können. Jedoch liegt die Macht darin, wie wir auf diese Herausforderungen reagieren und wie wir unsere Einstellung dazu gestalten. Wir haben die Wahl, unsere Haltung zu verändern, unsere Ziele anzupassen und alternative Wege zu finden, um unser Glück zu verfolgen.

Es ist wichtig zu betonen, dass die Redewendung „Jeder ist seines Glückes Schmied" nicht bedeutet, dass wir alles im Leben kontrollieren können oder dass jedes Hindernis leicht zu überwinden ist. Es geht vielmehr darum, dass wir uns bewusst machen, dass wir einen erheblichen Einfluss auf unsere Lebensumstände haben und dass wir die Kraft haben, aktiv nach unserem Glück zu streben.

Letztendlich liegt es an uns, die Verantwortung für unser eigenes Glück zu übernehmen, unser Potenzial zu entfalten und die notwendigen Schritte zu unternehmen, um unsere Ziele zu erreichen. Es geht darum, proaktiv zu sein, Chancen zu ergreifen, Herausforderungen anzunehmen und aus Fehlern zu lernen. Indem wir unsere eigenen Schmiede werden, können wir unser Glück formen und unser Leben in eine positive und erfüllende Richtung lenken.

18

Die Berufung entwickelt sich im Zeitablauf weiter

Die Berufung eines Menschen ist ein faszinierendes und komplexes Thema, das seit jeher die Menschheit beschäftigt hat. In der Philosophie, Psychologie und sogar in der beruflichen Beratung wird oft darüber diskutiert, ob die Berufung eines Menschen eine feste Bestimmung ist oder ob sie sich im Laufe der Zeit verändern und weiterentwickeln kann. Meiner Erfahrung nach ist die Berufung keine statische Angelegenheit, sondern entwickelt sich im Zeitablauf weiter.

Zunächst ist es wichtig, die Idee der Berufung zu definieren. Die Berufung eines Menschen bezieht sich auf die tiefe innere Verbindung zu einer bestimmten Tätigkeit, die ein Gefühl von Zweck, Erfüllung und Erfolg vermittelt. Es geht darum, dass eine Person ihre Talente, Leidenschaften und Werte in ihrer beruflichen Laufbahn vereint. Die Berufung kann sich oft von einem reinen Job oder einer Karriere unterscheiden, da sie ein höheres Maß an persönlicher Erfüllung und Selbstverwirklichung bietet.

Eine der Hauptstützen der These ist die Idee, dass Menschen sich im Laufe ihres Lebens weiterentwickeln und verändern. Jeder Mensch durchläuft verschiedene Lebensphasen, in denen sich seine Prioritäten, Interessen und Werte verschieben können. Was jemand als Berufung empfindet, wenn er jung ist, mag sich möglicherweise im Laufe der Zeit ändern, wenn er neue Erfahrungen macht und sich persönlich weiterentwickelt.

Eine Mitschülerin von mir hatte zunächst Schwierigkeiten, das Abitur zu bestehen, holte dies in einem Internat nach, wurde dann zunächst Hebamme und studierte später noch Medizin. Heute ist sie als niedergelassene HNO-Ärztin tätig.

Ein bekannter Psychologe, der sich mit der Entwicklung der Persönlichkeit im Laufe des Lebens beschäftigte, war Erik H. Erikson. Er präsentierte seine Theorie der psychosozialen Entwicklung, in der er acht Lebensphasen identifizierte, die jeder Mensch durchläuft. In jeder Phase stehen verschiedene psychosoziale Herausforderungen im Mittelpunkt, die es zu bewältigen gilt. Einige dieser Herausforderungen können sich direkt auf die Berufung und den Berufsweg einer Person auswirken (Erikson 1973).

Ein Beispiel dafür, wie sich die Berufung im Laufe des Lebens verändern kann, ist der Fall eines jungen Menschen, der frisch von der Universität kommt. In seinen 20ern kann er eine starke Leidenschaft für die Technologiebranche verspüren und eine Karriere als Softwareentwickler anstreben. Diese Leidenschaft und Energie in Verbindung mit seinen akademischen Kenntnissen können ihm helfen, schnell in seiner Karriere voranzukommen und Erfolg zu haben.

Jedoch, wenn dieser Mensch in seine 30er kommt, mag er feststellen, dass seine Prioritäten sich verschoben haben. Er hat möglicherweise eine Familie gegründet und entdeckt, dass er mehr Wert auf eine ausgewogene Work-Life-Balance legt. Diese Veränderungen könnten ihn dazu führen, seine Karriereziele zu überdenken und vielleicht in eine berufliche Laufbahn zu wechseln, die mehr Flexibilität und weniger zeitliche Belastungen bietet.

Ein weiteres Beispiel ist die berühmte Autorin *J. K. Rowling*, die für die Schöpfung der Harry-Potter-Buchreihe bekannt ist. Rowling hatte früh den Wunsch, Schriftstellerin zu werden. Im Alter von fünf oder sechs Jahren erfand sie ihre erste Geschichte – sie handelte von einem an Masern erkrankten Kaninchen. Nachdem sie 1987 ihr Studium abgeschlossen hatte, zu dem unter anderem ein einjähriger Aufenthalt als Englischlehrerin in Paris gehört hatte, übte sie verschiedene Bürotätigkeiten aus.

18 Die Berufung entwickelt sich im Zeitablauf weiter

Unter anderem arbeitete sie zwei Jahre bei Amnesty International in London.[1]

Während ihrer Pendelfahrten in der Londoner U-Bahn skizzierte sie Ideen für die Charaktere und die Handlung der Harry Potter-Bücher. Der Hauptteil des ersten Buches, „Harry Potter und der Stein der Weisen", wurde erstmals auf einem Zug zwischen Manchester und London skizziert.

In den späten 1990er-Jahren, als sie die Idee für die Harry Potter-Bücher entwickelte, erlebte *Rowling* persönliche Schwierigkeiten. Sie war alleinerziehende Mutter und lebte von Sozialhilfe.

„Als ich das erste Mal in der Schlange stand, um meine Sozialhilfe abzuholen, hatte ich das Gefühl, dass ein enorm großer Neonlicht-Pfeil auf mich zeigt", erzählte Rowling einige Jahre später. (o. V., bild.de 2017).

Diese war die wohl härteste Zeit ihres Lebens.

„Wir sprechen hier von Selbstmordgedanken, wir sprechen nicht darüber, dass ich mich ein bisschen elend gefühlt habe", sagte sie 2008 der britischen Zeitung „Sunday Times". (o. V., bild.de 2017).

Trotz dieser Herausforderungen blieb sie ihren schriftstellerischen Ambitionen treu und setzte ihre Arbeit an der Buchreihe fort. Zu dieser Zeit hätte sie vielleicht nicht gedacht, dass ihre Berufung darin bestehen würde, Geschichten über Zauberei und Magie zu schreiben, die Millionen von Menschen auf der ganzen Welt begeistern würden. Ihre Berufung entwickelte sich im Laufe der Zeit, als sie ihre Leidenschaft für das Schreiben entdeckte und ihrer Kreativität freien Lauf ließ.[2]

Es gibt viele Menschen, die ihre Berufung erst später im Leben gefunden haben. Ein inspirierendes Beispiel ist die amerikanische Köchin und Fernsehmoderatorin *Julia Child*. Sie begann ihre Karriere in den späten 30er-Jahren als Mitglied des *Office of Strategic Services* während des Zweiten Weltkriegs. Erst in den 50er-Jahren entdeckte sie ihre Liebe zur fran-

---

[1] Siehe J. K. Rowlings offizielle Website (Rowling 2016) und Wikipedia (2024).
[2] Siehe LIWI-Blog (o. J.).

zösischen Küche, als sie nach Frankreich zog. Obwohl sie zu dieser Zeit bereits in ihren 40ern war, verfolgte sie ihre Leidenschaft und absolvierte eine renommierte Kochschule. Später wurde sie eine bekannte Kochbuchautorin und eine Pionierin der Kochsendungen im Fernsehen und prägte die Kochwelt insgesamt nachhaltig (Hollmer 2022).

Alan Rickman war ein britischer Schauspieler, der erst in seinen späten 40er-Jahren seinen großen Durchbruch hatte. Bevor er als Schauspieler bekannt wurde, war er in verschiedenen Jobs tätig, darunter Grafikdesigner und Möbelrestaurator. Seine wahre Leidenschaft galt jedoch immer der Schauspielerei. Mit 42 Jahren wurde er für die Rolle des Bösewichts *Hans Gruber* im Film „Stirb langsam" (1988) gecastet, was ihm internationale Anerkennung einbrachte. Aber es war seine ikonische Rolle als *Severus Snape* in der Harry Potter-Filmreihe, die ihn zu einer weltweit geliebten Figur machte. Rickman bewies, dass es nie zu spät ist, seine Berufung zu finden und in einem neuen Bereich erfolgreich zu sein (siehe Starportrait von Alan Rickman auf gala.de, o. V. o. J.).

Grandma Moses (Anna Mary Robertson Moses) war eine amerikanische Künstlerin, die erst im fortgeschrittenen Alter von 78 Jahren ihre künstlerische Berufung entdeckte. Vor ihrer Karriere als Malerin war sie eine einfache Bäuerin und Mutter von zehn Kindern. Sie begann erst in den 1930er-Jahren, als sie bereits im Rentenalter war, mit dem Malen. Ihre naive und charmante Art des Malens fand schnell Anerkennung, und sie wurde zu einer der bekanntesten Künstlerinnen ihrer Zeit. Obwohl sie keine formale künstlerische Ausbildung hatte, erlangte sie Weltruhm und ihre Werke wurden in renommierten Museen ausgestellt. *Grandma Moses* ist ein inspirierendes Beispiel dafür, dass es nie zu spät ist, eine kreative Berufung zu finden und der Welt seine Talente zu präsentieren (Kallir 1975).

Ray Kroc war ein Unternehmer, der erst im Alter von 52 Jahren seine wahre Berufung fand und eine der bekanntesten Fast-Food-Ketten der Welt gründete – McDonald's. Bevor er in die Gastronomiebranche einstieg, war er als Verkäufer von Milchshake-Mixern tätig. Als er auf das kleine Restaurant der Brüder Richard und Maurice McDonald stieß, erkannte er das Potenzial ihrer effizienten Produktionsmethoden und der Nachfrage nach ihren Hamburgern. *Kroc* kaufte das Restaurant und entwickelte es zu einer globalen Marke mit einer beeindruckenden Anzahl von Filialen weltweit. Sein unternehmerischer Erfolg kam spät in seinem Leben, aber seine Vision und Entschlossenheit machten McDonald's zu einem Synonym für schnelles Essen in der ganzen Welt. (Börse Online Redaktion 2019).

Diese Beispiele verdeutlichen, dass es nie zu spät ist, seine wahre Berufung zu entdecken und seine Leidenschaften zu verfolgen.

Obwohl einige Menschen möglicherweise erst spät im Leben ihren Weg finden, können sie dennoch erstaunliche Erfolge erzielen und ihre Talente mit der Welt teilen. Es ist nie zu spät, die eigenen Träume zu verwirklichen und das zu tun, was einem wirklich am Herzen liegt.

Solche Beispiele zeigen auch, dass die Berufung eines Menschen nicht immer von Anfang an klar ist und sich oft durch eine Kombination aus

- Selbstentdeckung,
- Lebenserfahrungen und
- Neigungen

entwickelt. Manchmal können persönliche Krisen oder Wendepunkte im Leben dazu führen, dass Menschen ihre Karriereziele und Berufung in Frage stellen und neue Wege einschlagen.

Eine wichtige Frage ist, was zu dieser Entwicklung der Berufung beiträgt. Eine entscheidende Rolle spielen dabei die eigenen Erfahrungen und die Bereitschaft, sich neuen Möglichkeiten und Herausforderungen zu öffnen. Menschen können ihre Berufung besser verstehen, wenn sie bereit sind, sich selbst zu reflektieren, ihre Werte zu klären und ihre Talente zu erkennen. Dies kann in Form von Selbstreflexion, Coaching oder beruflicher Beratung erfolgen.

Darüber hinaus spielen äußere Einflüsse wie technologischer Fortschritt, wirtschaftliche Veränderungen und gesellschaftliche Entwicklungen eine Rolle bei der Veränderung von Berufungen. Ein Beruf, der einst als äußerst erfüllend und vielversprechend galt, kann durch den Wandel der Zeit an Attraktivität verlieren oder sogar obsolet werden. In solchen Fällen könnten Menschen gezwungen sein, sich nach neuen Möglichkeiten umzusehen und ihre Berufung neu zu definieren.

Ein weiterer Aspekt, der die Veränderung der Berufung beeinflussen kann, ist die Flexibilität in der modernen Arbeitswelt. Früher waren die meisten Menschen in einer Karriere oder einem Job gefangen und es war schwieriger, den Beruf zu wechseln oder neue Fähigkeiten zu entwickeln. Heutzutage bieten die zunehmende Vernetzung und Globalisierung der Arbeitswelt mehr Möglichkeiten für Umschulung und Neuorientierung.

Menschen können Online-Kurse belegen, um neue Fähigkeiten zu erlernen, oder sich in völlig neuen Bereichen engagieren, die ihren Leidenschaften entsprechen. Diese Flexibilität eröffnet Menschen die Möglichkeit, ihre Berufung neu zu definieren und sich beruflich weiterzuentwickeln, auch wenn sie bereits eine etablierte Karriere haben.

Ein weiterer Faktor, der zur Veränderung der Berufung beitragen kann, ist das Streben nach persönlichem Wachstum und Selbstverwirklichung. Menschen können sich im Laufe ihres Lebens verändern und neue Interessen und Leidenschaften entdecken, die sie zuvor nicht an sich kannten. Dieses Streben nach Wachstum kann sie dazu motivieren, neue berufliche Wege einzuschlagen, die besser zu ihrer veränderten Persönlichkeit und Lebenssituation passen.

Eine weitere Theorie, die die These der veränderlichen Berufung unterstützt, ist die Selbstbestimmungstheorie von *Edward L. Deci* und *Richard M. Ryan*. Diese Theorie besagt, dass Menschen ein angeborenes Bedürfnis nach Autonomie, Kompetenz und sozialer Eingebundenheit haben (Ryan und Deci 2017).

Wenn diese Bedürfnisse erfüllt sind, erfahren Menschen ein höheres Maß an intrinsischer Motivation und Zufriedenheit. In Bezug auf die Berufung bedeutet dies, dass Menschen danach streben, in ihrer beruflichen Laufbahn Tätigkeiten auszuüben, die sie als bedeutsam und erfüllend empfinden, und sich in einem Umfeld befinden, das ihnen die Möglichkeit gibt, ihre Talente und Fähigkeiten zu nutzen.

Ein Beispiel für die Anwendung dieser Theorie auf die Berufung ist die Geschichte von *Richard Branson*, dem Gründer der Virgin Group. *Branson* begann seine Karriere als Schallplattenladenbesitzer und entwickelte im Laufe der Zeit ein vielfältiges Imperium, das zahlreiche Unternehmen in verschiedenen Branchen umfasst, darunter Luftfahrt, Medien und Telekommunikation. *Branson* betonte immer wieder, wie wichtig es für ihn war, eine Arbeit zu finden, die ihm erlaubte, seine Kreativität und unternehmerischen Fähigkeiten auszuleben. Er folgte seiner Leidenschaft und seinem Wunsch nach Abenteuer und Selbstverwirklichung, was ihn zu einem der erfolgreichsten Unternehmer seiner Generation machte (Branson 2009).

Es gibt jedoch auch einige Kritiker, die argumentieren, dass die Idee der Berufung als individuelles Streben nach Erfüllung zu sehr romantisiert wird. Sie behaupten, dass nicht jeder die Möglichkeit hat, seine Leidenschaft in einem Beruf zu verwirklichen, und dass äußere Umstände wie sozioökonomischer Status und persönliche Verpflichtungen die Berufswahl stark beeinflussen können.

In dieser Perspektive ist die Berufung nicht nur von persönlichen Neigungen und Interessen geprägt, sondern auch von äußeren Einschränkungen und gesellschaftlichen Erwartungen.

Dennoch gibt es zahlreiche Beispiele von Menschen, die trotz schwieriger Umstände und Widerstände ihre Berufung gefunden haben. Diese Geschichten zeigen, dass die Berufung nicht nur ein Luxus für einige wenige ist, sondern dass sie durch

- Selbstreflexion,
- Entschlossenheit und die
- Bereitschaft, Risiken einzugehen,

erreicht werden kann.

Insgesamt bleibt die Frage, ob die Berufung eine feste Bestimmung ist oder sich im Laufe der Zeit entwickelt, eine individuelle und komplexe Angelegenheit. Es gibt keine klare Antwort darauf, da die Berufung von einer Vielzahl von Faktoren beeinflusst wird, darunter

- persönliche Erfahrungen,
- Lebensphasen,
- äußere Umstände, die
- Bereitschaft zur Selbstreflexion und
- zum persönlichen Wachstum.

Es ist wichtig zu erkennen, dass die Berufung nicht unbedingt mit einem einzigen Beruf oder einer Karriere gleichzusetzen ist. Manche Menschen finden ihre Berufung vielleicht in verschiedenen Tätigkeiten oder Rollen, die sie im Laufe ihres Lebens ausüben. Andere können ihre

Berufung in gemeinnütziger Arbeit oder ehrenamtlichen Tätigkeiten finden, die sie erfüllen und ihnen ein Gefühl von Sinn und Zweck verleihen.

In der modernen Arbeitswelt, die sich ständig wandelt und uns vor neue Herausforderungen stellt, kann die Idee der Berufung als ein sich entwickelndes und anpassungsfähiges Konzept betrachtet werden. Menschen haben die Möglichkeit, ihre Talente und Leidenschaften zu erkunden, neue Fähigkeiten zu erlernen und sich beruflich weiterzuentwickeln.

Es ist nie zu spät, seine Berufung zu finden oder zu verfolgen, und diese Reise kann zu einem erfüllenden und bereichernden Lebensweg führen. Die Frage, ob die Berufung sich im Laufe der Zeit verändert, kann individuell und facettenreich beantwortet werden, und jeder Einzelne hat die Macht, seine eigene Berufung zu gestalten und zu definieren.

Was viele geistig arbeitende Menschen schon heute oder aber sehr bald betreffen wird, ist das Thema Künstliche Intelligenz. Diese ist dabei, die Arbeitswelt geistig arbeitender Menschen grundlegend zu verändern.

Literatur

Börse Online Redaktion (2019) Ray Kroc: Der Burgerkönig – So entstand der Megakonzern McDonals´s, online unter: Börse online.de. https://www.boerse-online.de/nachrichten/aktien/ray-kroc-der-burgerkoenig-so-entstand-der-megakonzern-mcdonalds-20312720.html. Zugegriffen am 19.08.2024

Branson R (2009) Geht Nicht Gibt´s Nicht! – So wurde Richard Branson zum Überflieger. Seine Erfolgstipps für Ihr (Berufs-)Leben. Börsenmedien AG, Kulmbach

Erikson EH (1973) Identität und Lebenszyklus, 30. Aufl. Suhrkamp, Frankfurt am Main, S 55–123

Hollmer K (2022) Kochlegenden: Oh Julia. In: Süddeutsche Zeitung.de. https://www.sueddeutsche.de/stil/kueche-kochen-rezepte-fernsehkoechin-1.5583549. Zugegriffen am 19.08.2024

Kallir O (1975) Grandma Moses, Ihre Kunst und ihre Persönlichkeit. DuMont, Köln

LIWI-Blog (o.J.) JK Rowling, Literatur-und Wissenschaftsverlag. https://liwi-verlag.de/jk-rowling/. Zugegriffen am 19.08.2024

o. V. (2017) „Harry Potter"-Autorin Joanne K. Rowling: Sie war ganz unten – heute ist sie 700 Mio. schwer, auf: bild.de. https://www.bild.de/unterhaltung/leute/joanne-k-rowling/sie-war-ganz-unten-heute-ist-sie-700-mio-schwer-54278790.bild.html. Zugegriffen am 19.08.2024

o. V. (o.J.) Starportrait: Alan Rickman auf gala.de. https://www.gala.de/stars/starportraets/alan-rickman-20493968.html. Zugegriffen am 19.08.2024

Rowling JK (2016) About. Offizielle Website. https://www.jkrowling.com/about/. Zugegriffen am 19.08.2024

Ryan RM, Deci EL (2017) Self-determination theory: Basic psychological needs in motivation, development, and wellness. The Guilford Press, New York/London

Wikipedia (2024) Joanne K. Rowling. https://de.wikipedia.org/wiki/Joanne_K._Rowling. Zugegriffen am 09.01.2025

19

Wie künstliche Intelligenz beim Schreiben hilft

Künstliche Intelligenz (KI) wird die Art und Weise, wie wir arbeiten, voraussichtlich ebenso stark verändern, wie der Computer unsere Arbeit verändert hat. Was die Erfindung der Dampfmaschine für die körperliche Arbeit war, ist die Künstliche Intelligenz für die geistige Arbeit des Menschen. Dinge, die heute bereits möglich sind, waren vor wenigen Monaten noch kaum vorstellbar.

KI muss dabei nicht zwingend Jobs vernichten. Während manche Aufgaben überflüssig werden, entstehen neue. Denn KI-Systeme sind zwar in der Lage, enorme Datenmengen zu verarbeiten, Menschen müssen aber die Richtung weisen und die Ergebnisse bewerten. Daten müssen aufbereitet, Systeme implementiert und überarbeitet werden.

Mithilfe von KI-Programmen wie ChatGPT kannst du aber schon heute E-Mails automatisiert beantworten, Computer-Code generieren und Präsentationen erstellen lassen. Damit fängt es an, aber es hört es noch lange nicht auf damit.

Gerade beim Schreiben kann KI in Form von ChatGPT bereits heute stark unterstützen. In kurzer Zeit kann sie beispielsweise Texte schreiben, kürzen oder umformulieren, wofür ein Mensch meist viel mehr Zeit benötigt. ChatGPT verfasst Texte, die druckreif sind, einen sauberen Aufbau haben, lesefreundlichen Überleitungen aufweisen und passable Inhalte haben. Dadurch hat sich die erforderliche Zeit zum Verfassen beispielsweise eines Blogartikels deutlich reduziert. Die Schwierigkeit ist jedoch, das Modell so zu benutzen, dass vernünftige Ergebnisse dabei herauskommen.

ChatGPT ist ein sehr leistungsstarkes Sprachsystem. Das Programm ist in der Lage, Sätze zu generieren, die von menschlichen Sätzen kaum zu unterscheiden sind. Es wurde mit umfangreichen Datensätzen trainiert und verwendet diese Informationen, um abzuschätzen, wie ein Satz Wort für Wort fortgesetzt werden sollte. Dabei hat es sich durch maschinelles Lernen Milliarden sprachspezifische Eigenschaften antrainiert – und wird immer besser.

ChatGPT ist ein Chatbot, mit dem du einen textbasierten Dialog führen kannst, sogar in verschiedenen Sprachen. Beispiellos ist die Qualität, mit der ChatGPT nach einer Aufforderung über das Eingabefeld auch sehr komplexe Aufgaben erledigt, zum Beispiel einen Blogpost zum Thema ETFs verfassen.

KI wird verändern, wie wir arbeiten, Geld verdienen und leben. 70 % der Dax-Unternehmen rechnen damit, dass sich durch KI ihr Geschäftsmodell in den nächsten Jahren verändert. Das haben die Handelsblatt-Redakteure *Thomas Jahn* und *Michael Scheppe* bei einer Umfrage unter den größten an der deutschen Börse notierten Konzernen herausgefunden (Jahn und Scheppe 2023). Und offen gesagt stellt sich dabei die Frage, ob die übrigen Unternehmen die aktuellen Entwicklungen nicht verschlafen.

Denn eines ist klar: Auch wenn die rasante Entwicklung ein leichtes Schwindelgefühl auslösen kann – sie bietet immense Chancen.

Die Aufgaben an die KI sollten so spezifisch wie möglich formuliert werden. Sowohl das Thema als auch die Frage sollten deutlich definiert sein. Es ist besser, eindeutige Begriffe in der Kommunikation zu verwenden. So vermeidet man das sogenannte „Halluzinieren" der KI, bei der sie einfach irgendwelche Fakten „erfindet".

Ein IT-Experte verrät, wie sich ChatGPT im Büroalltag am besten anwenden lässt:

> „Ausprobieren und immer wieder andere Prompts testen – das garantiert eine steile Lernkurve!" (Branko Trebsche zitiert bei Mayer 2023)

Wenn man nur ein einziges Wort ändert, kann das Ergebnis mitunter schon ganz anders ausfallen.

Der englische Begriff Prompt steht für eine Aufforderung an ChatGPT, über die Nutzer mit der Maschine kommunizieren.[1] Du gibst deinen Befehl in das Chatfenster ein, die KI analysiert ihn und generiert eine Antwort. Zwar greift die Maschine auf eine gigantische Menge an Daten zu, doch hängt es von der Eingabe ab, wie gut die Ergebnisse sind.

OpenAI-Gründer *Sam Altman* schrieb im Februar auf Twitter:

> „Einen großartigen Prompt für einen Chatbot zu schreiben, ist eine unglaublich hohe Fähigkeit und ein frühes Beispiel dafür, in natürlicher Sprache zu programmieren." (Krolle 2023)

Vielen sei gar nicht klar, wie komplex Prompting ist und wie groß der Einfluss auf das Ergebnis sein kann. Prompt Engineers seien dann gefragt, wenn sich der Aufwand einer Aufgabe durch geschicktes Prompting deutlich reduzieren lässt – das sei vor allem in der Anwendungsentwicklung oder bei der Datenanalyse der Fall (Telser 2024).

Aber auch bei vielen anderen Berufen wird gutes Prompten eine Rolle spielen, auch wenn es nicht notwendig ist, so tief in die Materie einzusteigen. Es ist heute vorstellbar, dass Prompting eine Fähigkeit wird, die so gut wie jeder Büroarbeiter mitbringen muss – ähnlich wie MS-Office-Kenntnisse. Das kann dann für den Buchhalter genauso gelten wie für den Steuerberater oder den Fachanwalt (Telser 2024).

Man könnte sich zum Beispiel einen eigenen Prompt-Katalog aufbauen, indem man die Kommandos für die im Alltag gängigsten Anwendungsfälle in ein Word-Dokument kopiert und sie je nach Qualität der Antwort immer wieder anpasst. So hat man die wichtigsten Kommandos stets zur Hand und kann sie mit der Copy-Paste-Funktion schnell in das Sprachmodell einfügen.

ChatGPT kann schon heute eine große Hilfe sein, wenn man das Programm richtig anwendet.

---

[1] Anfragen in natürlicher Sprache an die KI liefern nicht immer ein verwertbares Ergebnis. Den richtigen Prompt, also den Textbefehl für das gewünschte Ergebnis, zu finden, ist erfolgskritisch. Prompt Engineers sind Experten für KI-gestützte Interaktionen. Sie entwickeln dialogorientierte Schnittstellen wie Chatbots und virtuelle Assistenten.

Grundsätzlich gilt: Weder Faktenrecherche noch logisches Denken sind die Stärken von ChatGPT. Experten warnen davor, die KI als Suchmaschine zu verwenden, unter anderem, weil die Datenbasis, mit der ChatGPT 4 trainiert wurde, nur bis Dezember 2023 zurückreicht.

Die Stärken des Modells bestehen vielmehr darin, bestehende Texte zu optimieren, etwa Berichte zusammenzufassen, Artikel zu korrigieren und E-Mails zu formulieren. ChatGPT ist auch in der Lage, kreative Texte zu schreiben, zum Beispiel einen Deutsch-Aufsatz. Letztlich ist das, was das Sprachmodell erwidert, stark von der Eingabe des Nutzers abhängig, dem sogenannten Prompt.

Zwar sind die automatisch generierten Texte erst nach einer Kontrolle und gegebenenfalls Anpassung verwendbar. Trotzdem kann die KI bei richtigem Einsatz Schreibprozesse in der Schule und Universität, im Beruf sowie im Alltag abkürzen.

Deshalb werden Text-KIs als eine **Art Werkzeug** unter anderem Journalisten, Schriftsteller, Blogger und **Werbetexter unterstützen**, wodurch sich wiederum die **Anforderungen in solchen Berufen** verändern werden.

Doch lässt sich ChatGPT längst noch nicht für jede Aufgabe einsetzen. Es ist wichtig, die Grenzen des Sprachmodells zu kennen. ChatGPT kann keine aktuellen Informationen aus dem Internet beziehen. Das Sprachmodell wurde mit Daten trainiert, die bis Dezember 2023 veröffentlicht waren. Fragen zu aktuelleren Ereignissen beantwortet die Text-KI daher häufig **faktisch falsch**.

Es ist jedoch möglich, durch Zusatzmodule die Internetkonnektivität herzustellen. Damit ChatGPT zum Alltagshelfer werden kann, sind sogenannte Plugins vonnöten. Es gibt im Moment nur eine Einschränkung: Wer die Plugins nutzen will, muss Abonnent der kostenpflichtigen Plus-Version von ChatGPT 4 sein. Aktuell kostet das pro Monat 20 Dollar plus Steuern. Das Plugin *Web Pilot* durchsucht Internetseiten, aber auch PDFs und Daten und erstellt Zusammenfassungen zu Anfragen. Eine Übersicht über zehn wichtige Plugins findest du unter anderem im Handelsblattartikel „Das sind die zehn hilfreichsten Plug-ins" von Nadine Schimrosik (Schimroszik 2023). Einen noch recht übersichtlichen Einblick liefert zudem der Plugin Store von ChatGPT.

Zu den **wichtigsten Geldgebern** der Firma *OpenAI*, die ChatGPT entwickelt hat, gehört *Microsoft*. Eine Integration in dessen Produkte hat bereits begonnen. Jedenfalls wurden KI-Funktionalitäten sowohl in den Browser Edge als auch in die Suchmaschine Bing integriert und auch beim **Textverarbeitungsprogramm Word** hat dieses zumindest schon begonnen (siehe zum Beispiel die Funktionen Editor oder Vorlesen). Bereits jetzt ist Microsoft Edge ein KI-gestützter Browser:

„Microsoft Edge verfügt über integrierte KI-gestützte Funktionen, die Ihr Surferlebnis verbessern, einschließlich einer Side-by-Side-Ansicht, die es einfacher und schneller macht, einzukaufen, detaillierte Antworten zu erhalten, Informationen zusammenzufassen oder neue Inspirationen zu entdecken, auf denen Sie aufbauen können, ohne Ihren Browser zu verlassen oder die Registerkarte zu wechseln." (Microsoft.com 2024)

Diese KI-Innovationen bzw. Funktionen sind darüber hinaus in *Edge* vorhanden:

- Komponieren
- Bing Image Creator
- Vorlesen
- Übersetzen
- Redakteur

Komponieren: Mit der Leistungsfähigkeit der KI kannst du deine Ideen mühelos in ausgefeilte Entwürfe umwandeln, kostbare Zeit sparen und den richtigen Ton sicherstellen, wo immer du online schreibst.
Image Creator hilft dir, KI-Bilder mit DALL-E direkt über die Seitenleiste in Microsoft Edge zu generieren. Bei einer Texteingabeaufforderung generiert die KI eine Reihe von Bildern, die dieser Eingabeaufforderung entsprechen.
Vorlesen: Verlasse den Bildschirm, während du Inhalte hörst, während du andere Aufgaben ausführst, oder verbessere dein Leseverständnis, indem du Inhalte in deinem eigenen Tempo in der von dir gewünschten Sprache hörst.
Übersetzen: Microsoft Edge macht es einfach, Webseiten in deiner bevorzugten Sprache zu lesen. Wähle aus über 70 verschiedenen Sprachen.

Redakteur ist ein Editor. Dieser ist in *Microsoft Edge* integriert und bietet erweiterte KI-gestützte Schreibunterstützung, einschließlich Rechtschreib-, Grammatik- und Synonymvorschlägen im gesamten Web, damit du sicherer schreiben kannst.[2]

Microsoft hatte darüber hinaus bereits im März 2023 angekündigt, seine neue künstliche Intelligenz auch in die Office-Programme zu integrieren. Nun wurde bekannt, dass erste Funktionen der künstlichen Intelligenz implementiert wurden.

Wenn dieses Buch fertig ist, werden vermutlich weitere KI-Funktionen im *Microsoft*-Browser *Edge* und in *Office 365* enthalten sein. Die Entwicklung wird rasend schnell vorangehen, zumal *Microsoft* und *Google* sich ein Kopf-an-Kopf-Rennen in Bezug auf KI liefern.

Auch das Heidelberger Startup *Aleph Alpha* will mit seinem KI-Sprachmodell nach eigener Aussage mit den Anwendungen von *OpenAI* mithalten (Business Punk Redaktion 2024). Für die Nutzer soll künftig zudem nachvollziehbar sein, woher die KI ihre Informationen bezieht.

Damit das Sprachsystem weiter lernt, wertet es auch Eingaben aus. So können Fragen an ChatGPT bei anderen Nutzern als Fragmente in Antworten erscheinen. Zum Schutz persönlicher Daten solltest du daher keine sensiblen Infos in den Chat eingeben.

Und wie werden sich Jobs – vor allem in Bezug auf geistige Arbeit – durch KI verändern? Eine Studie des Fraunhofer-Instituts für Arbeitswirtschaft und Organisation (FAO) hat für das *Handelsblatt* 50 Berufe daraufhin untersucht, wie stark sie sich durch KI verändern werden und ob ihr Bedarf eher steigen oder eher sinken wird (Beil und Mayer 2023). Sie kommt zu folgendem Ergebnis:

Der Bedarf an Journalisten,[3] die exklusive Fakten und eigenständige Einordnungen liefern, wird steigen. Journalisten, die reine Redaktionsmanager sind, werden hingegen künftig weniger gebraucht. Denn die Informationsrecherche wird zukünftig stärker durch KI-Systeme ausgeführt. Voraussichtlich wird die Anzahl der qualifiziert Arbeitenden in

---

[2] Quelle für diese Funktionen ist Microsoft.com (2024).
[3] Journalisten sammeln, bearbeiten und verbreiten Nachrichten und Kommentare, auch um die öffentliche Meinungsbildung zu unterstützen. Narrative Elemente und authentische Berichterstattung lassen sich nicht ohne Weiteres automatisieren.

diesem Berufsfeld abnehmen, die Qualität ihres professionellen Vorgehens hingegen steigen (Beil und Mayer 2023).

Experten des *McKinsey Global Institute*, dem volkswirtschaftlichen Thinktank der Unternehmensberatung, stellten jedoch Mitte Juni 2023 die These auf, dass 60 bis 70 % der heutigen Jobs theoretisch automatisierbar seien. Andere Experten nehmen wiederum an, dass Künstliche Intelligenz den Menschen die Arbeit nicht wegnehmen, sondern eher erleichtern wird: indem sie wiederkehrende Routinetätigkeiten übernimmt und dem Menschen damit mehr Zeit für Kreativität, Kommunikation und Teamarbeit lässt (Beil und Mayer 2023).

Die Welt muss sich nun auf einen technologischen Durchbruch vorbereiten, dessen Auswirkungen enorm sind und der sich mit einer Geschwindigkeit vollzieht, die selbst diejenigen erschreckt, die als Forscher und Entwickler die Grundlage für diesen Umbruch bereiten und bereitet haben (Bremmer 2023).

Die Künstliche Intelligenz wird unser Leben – im Guten wie im Schlechten – so gründlich und so schnell verändern, dass wir keine andere Wahl haben, als uns auf die Folgen vorzubereiten.

Das Spektrum der KI-Kritiker reicht dabei von Stimmen, die bezüglich der Möglichkeiten von KI sehr euphorisch sind, bis hin zu Propheten, die das Ende der Menschheit vorhersagen:

„KI kann existenzielle Risiken in sich tragen, aber auch zur Lösung von sehr vielen Problemen beitragen." *Nick Bostrom*, KI-Experte und Buchautor (Jahn 2023)

Es gibt Kritiker, die davor warnen, dass eine übermächtige KI die Menschheit auslöschen könnte. Prominente KI-Wissenschaftler forderten zwischenzeitig einen Forschungsstopp. *Sam Altman* – der Chef von *OpenAI* – warnte selbst, KI könne so gefährlich wie eine Atombombe werden und müsse reguliert werden (Scheuer 2023). Dieser Meinung sind auch die führenden Köpfe aus anderen Top-KI-Laboren wie *Anthropic* und *Deepmind* sowie mehr als hundert Professoren (Jahn 2023).

Die Entwicklerfirma *OpenAI* beschäftigt sich deshalb intensiv mit der Frage, wie eine potenzielle digitale „Superintelligenz" kontrolliert werden könnte. Obwohl die Entwicklung einer solchen „Superintelligenz" derzeit noch in weiter Ferne zu sein scheint, hält *OpenAI* es für möglich, dass dies noch in diesem Jahrzehnt eintreten könnte.

OpenAI ist sich bewusst, dass wir Menschen nicht in der Lage sein werden, zuverlässig Systeme mit einer deutlich höheren Intelligenz als unserer eigenen zu überwachen. Daher plant die Firma, ein automatisiertes Verfahren zu entwickeln, um dieses Ziel zu erreichen. Innerhalb von vier Jahren sollen die zentralen technischen Herausforderungen für ein solches Kontrollsystem bewältigt werden (Vogt 2023 und Leike und Sutskever 2023).

Künstliche Intelligenz wird heute und in Zukunft auch die Arbeit eines Bloggers stark beeinflussen.

Literatur

Beil J, Mayer C (2023) Künstliche Intelligenz: 50 Jobs, die sich durch KI verändern werden. https://www.handelsblatt.com/karriere/ki-revolution-50-jobs-und-wie-sie-sich-durch-kuenstliche-intelligenz-veraendern-werden/29222126.html?utm_campaign=hb-morningbriefing&utm_content=30062023&utm_medium=nl&utm_source=sf. Zugegriffen am 30.06.2023

Bremmer I (2023) Gastkommentar: Vier große KI-Risiken – und was sie für die Menschheit bedeuten. https://www.handelsblatt.com/meinung/gastbeitraege/gastkommentar-vier-grosse-ki-risiken-und-was-sie-fuer-die-menschheit-bedeuten/29228226.html. Zugegriffen am 30.06.2023

Business Punk Redaktion (2024) Deutsche KI Aleph Alpha – Kann sie mit ChatGPT mithalten? https://www.business-punk.com/2024/07/deutsche-ki-aleph-alpha-kann-sie-mit-chatgpt-mithalten/. Zugegriffen am 21.08.2024

Jahn T (2023) Streitgespräch: „Existenzielle Risiken" durch KI oder nur „Aufgeregtheit"? https://www.handelsblatt.com/technik/it-internet/streitgespraech-existenzielle-risiken-durch-ki-oder-nur-aufgeregtheit-/29226016.html. Zugegriffen am 29.06.2023

Jahn T, Scheppe M (2023) Handelsblatt-Umfrage: „iPhone-Moment" – 70 Prozent der Dax-Konzerne sagen, dass KI ihr Geschäftsmodell verändert. https://www.handelsblatt.com/technik/forschung-innovation/handelsblatt-umfrage-iphone-moment-70-prozent-der-dax-konzerne-sagen-dass-ki-ihr-geschaeftsmodell-veraendert/29222240.html. Zugegriffen am 28.06.2023

Krolle H (2023) ChatGPT: So formulieren Sie bessere Prompts. https://www.handelsblatt.com/technik/it-internet/chatgpt-so-formulieren-sie-bessere-prompts/29168934.html. Zugegriffen am 28.06.2023

Leike J, Sutskever I (2023). Introducing superalignment, online unter: https://openai.com/index/introducing-superalignment/. Zugegriffen am 28.07.2023

Mayer C (2023) ChatGPT: So hilft Ihnen die KI bei der Arbeit. https://www.handelsblatt.com/karriere/chatgpt-so-hilft-ihnen-die-ki-bei-der-arbeit-/29171344.html. Zugegriffen am 28.06.2023

Microsoft.com (2024) Ihr KI-gestützter Browser. https://www.microsoft.com/de-de/edge/features/ai?form=MT00D8. Zugegriffen am 09.01.2025

Scheuer S (2023). Künstliche Intelligenz: Wie Sam Altman und Jensen Huang den KI-Boom prägen, online unter: https://www.handelsblatt.com/technik/it-internet/kuenstliche-intelligenz-wie-sam-altman-und-jensen-huang-den-ki-boom-praegen/29224576.html. Zugegriffen am 28.06.2023

Schimroszik N (2023) chatGPT: Das sind die zehn hilfreichsten Plug-ins. https://www.handelsblatt.com/technik/it-internet/chatgpt-das-sind-die-zehn-hilfreichsten-plug-ins/29170984.html. Zugegriffen am 28.06.2023

Telser F (2024) Prompt Engineering – So sprechen Sie richtig mit KI. https://www.handelsblatt.com/technik/ki/prompt-engineering-wie-sie-richtig-mit-ki-sprechen/100054793.html. Zugegriffen am 21.08.2024

Vogt R (2023) OpenAI gibt vor, „Superintelligenz" kontrollieren zu wollen. https://inside-it.ch/openai-gibt-vor%2c-superintelligenz-kontrollieren-zu-wollen-20230706. Zugegriffen am 21.08.2024

20
Bloggen als neuer Beruf

Immer wenn ich jemandem erzähle, dass ich u. a. als Blogger meinen Lebensunterhalt verdiene, stellen mir in 95 % der Fälle die Leute die Frage: „Kann man denn davon leben?"

In den letzten zehn Jahren hat sich das Dasein als „Blogger" oder „Influencer" von einem Hobby zu einem seriösen Beruf und Geschäftsmodell entwickelt. Es überrascht nicht, dass es immer mehr Blogger gibt, die mit ihrem Blog einen Nebenverdienst erzielen oder sogar davon leben können.

Die Frage, ob Bloggen ein richtiges Geschäftsmodell ist, hängt von verschiedenen Faktoren ab. Das Nutzenversprechen eines Blogs besteht darin, einzigartige und nützliche Informationen anzubieten. Eine klare Nische und ein Alleinstellungsmerkmal sind wichtig, während das Kopieren anderer Blogs vermieden werden sollte.

Die Architektur der Wertschöpfung erfordert eine professionelle Einstellung und eine klare strategische Ausrichtung auf die Zielgruppe. Das ist bei mir vor allem die Generation Y, oft auch als Millennials bezeichnet, die Personen umfasst, die zwischen 1980 und 2000 geboren wurden. Sie folgt auf die Generation X und ist bisher die am gründlichsten erforschte Generation. Ein charakteristisches Merkmal dieser technikaffinen Generation ist ihre Neigung, bisherige starre Hierarchien infrage zu stellen.

20.1 Exkurs: Darum sind ETFs bei Millennials beliebt

Die private Altersvorsorge mit Exchange Traded Funds (ETFs) spielt für Millennials eine zunehmend wichtige Rolle. Millennials, die in der Regel Menschen im Alter zwischen Mitte 20 und Mitte 40 sind, stehen vor verschiedenen Herausforderungen, wenn es um ihre Altersvorsorge geht.

Einer der Hauptgründe, warum ETFs bei Millennials beliebt sind (vgl. Abb. 20.1 und 20.2), liegt in ihrer kosteneffizienten und transparenten Struktur. Im Vergleich zu traditionellen Investmentfonds bieten ETFs oft niedrigere Verwaltungsgebühren, was bedeutet, dass mehr Geld in die tatsächlichen Investitionen fließt. Zudem zeichnen sich ETFs durch eine breite Diversifizierung aus, da sie einen Index abbilden, wie beispielsweise den S&P 500. Dies ermöglicht eine breite Streuung des Kapitals über eine Vielzahl von Unternehmen und Sektoren.

Ein weiterer Aspekt, der Millennials zu ETFs für die Altersvorsorge anzieht, ist die Flexibilität und Zugänglichkeit. ETFs können an den Börsen gehandelt werden und sind somit leicht zu kaufen und zu verkaufen. Darüber hinaus bieten viele Online-Broker niedrige Handelsgebühren und benutzerfreundliche Plattformen, die es den Millennials ermöglichen, selbstständig und kostengünstig in ETFs zu investieren. Dies entspricht dem DIY-(Do-It-Yourself)-Ansatz, den viele Millennials bei ihren Finanzen bevorzugen.

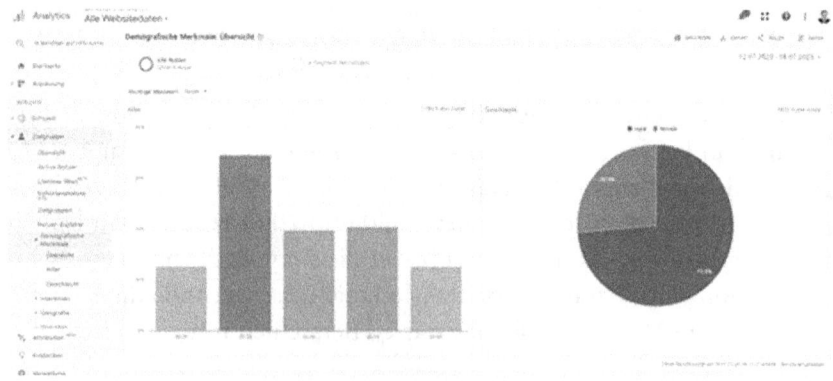

Abb. 20.1 Altersverteilung der Besucher von ETF-Blog.com

Abb. 20.2 Besucherzahlen für ETF-Blog.com im Juli 2023

Die langfristige Perspektive von ETFs passt gut zur Altersvorsorge, da sie es den Millennials ermöglicht, über einen längeren Zeitraum hinweg mittels ETF-Sparplänen in den Markt zu investieren und von den Wachstumschancen zu profitieren. Millennials haben noch viele Jahre bis zur Rente vor sich und ETFs bieten eine Möglichkeit, Vermögen langfristig aufzubauen und von der Kraft des Zinseszinses zu profitieren.

Es ist jedoch wichtig zu beachten, dass ETFs wie alle Investitionen Risiken bergen. Die Wertentwicklung von ETFs hängt von den Märkten ab und kann schwanken. Millennials sollten sich bewusst sein, dass sie bei der Anlage in ETFs einen langfristigen Ansatz verfolgen sollten und dass es wichtig ist, ihre Anlagen zu diversifizieren.

Insgesamt spielt die private Altersvorsorge mit ETFs für Millennials eine bedeutende Rolle, da sie kosteneffizient, transparent und flexibel sind. Millennials schätzen die Möglichkeit, ihre eigene Finanzplanung in die Hand zu nehmen und langfristig für ihre finanzielle Zukunft vorzusorgen. ETFs bieten eine attraktive Option, um Kapital aufzubauen und dabei von den Vorteilen der breiten Diversifizierung und niedriger Kostenstruktur zu profitieren.

20.2 Überall, wo WLAN ist

Regelmäßiges Bloggen, konsequente Vermarktung und die Einbindung von externem Know-how sind entscheidend, um den Blog für die Leser wertvoll zu machen.

Die Monetarisierung eines Blogs erfordert langfristige und stabile Einnahmequellen. Verschiedene Standbeine sollten genutzt werden und die Ergebnisse sollten regelmäßig optimiert werden.

„Nicht umsonst gibt es immer mehr Blogger, die mit ihrem Blog einen Nebenverdienst erzielen oder sogar komplett davon leben können" (Hillebrandt 2024).

Auch die Knüpfung von Kontakten zu anderen Bloggern und Unternehmen ist wichtig, um den Blog weiterzuentwickeln.

Es ist wichtig, langfristig zu denken und alle Entscheidungen rund um den Blog entsprechend zu treffen. Ein guter Ruf und das Pflegen der eigenen Marke sind entscheidend. Die regelmäßige Analyse und Auswertung der Fortschritte sowie die Anpassung der Strategie sind ebenfalls von Bedeutung.

Bloggen kannst du überall, wo es WLAN[1] gibt. Deshalb gibt es immer mehr sogenannte Digital Nomads, zu Deutsch digitale Nomaden, die oft als Weltreisende unterwegs sind und überall auf der Welt anzutreffen sind, wo Co-Working-Spaces mit einer Internetverbindung zur Verfügung stehen. Die aktuelle Ära, geprägt durch die digitale Revolution, eröffnet dir einzigartige Möglichkeiten, neue Pfade zu erkunden und die Kontrolle über dein eigenes Leben zu übernehmen.

Ich selbst bin sehr bodenständig und arbeite stets in Paderborn, doch ein Freund von mir war bereits mehrere Jahre als digitaler Nomade in Asien, Australien und den USA unterwegs. Jedoch kann ich mir vorstellen, als Rentner später einmal dort zu leben, wo es sich erstens billiger als in Deutschland leben lässt und wo es zweitens auch schön und drittens zusätzlich politisch stabil ist.

Dem neuen Beruf Blogger kann man also überall auf der Welt, wo WLAN ist, nachgehen. Es gibt heutzutage also nicht nur Schriftsteller, Autoren und Journalisten, die zur schreibenden Zunft gehören, sondern auch Blogger.

Doch was machen Blogger genau?[2]

---

[1] WLAN steht für Wireless Local Area Network und bedeutet kabelloses Internet.
[2] Die folgenden Ausführungen lehnen sich eng an Azubiyo (o. J.) an.

20 Bloggen als neuer Beruf

Blogger betreiben Internetseiten und füllen sie regelmäßig mit neuen Beiträgen. Sie treffen eine Auswahl von Themen, planen die Veröffentlichung der Beiträge und schreiben die Artikel. Die meisten Blogger betreiben ihre Webseite selbst und können die Beiträge einfach online veröffentlichen. Allerdings gehört zum erfolgreichen Bloggen mehr als nur das Schreiben, Fotografieren bzw. Bilder aussuchen und die Entdeckung spannender Themen. Blogger müssen sich auch mit Online-Marketing, Suchmaschinenoptimierung (SEO) und Webdesign auskennen.

Ursprünglich stammt der Begriff „Blog" vom englischen Wort „Weblog", das eine Art Tagebuch im Web bezeichnet. Die ersten Blogger begannen damit, in ihren Blogs über sich selbst und ihr Leben zu berichten. Heutzutage sind die meisten Blogs nicht mehr so privat und die Blogger spezialisieren sich oft auf bestimmte Themenbereiche wie ich beispielsweise auf Geldanlage mit ETFs.

Einige Fakten über Blogger und das Bloggen:

- Der amerikanische Journalist Justin Hall ist der erste bekannte Blogger. Er veröffentlichte seinen Blog im Jahr 1994.
- Im Jahr 1999 gab es nur 23 Blogs. Heute gibt es nach Schätzungen über 600 Mio. Blogs und jede Sekunde werden 2 neue Blogs veröffentlicht.
- Im Durchschnitt hat ein Blog etwa 4000 Seitenaufrufe pro Monat.
- Etwa die Hälfte aller Blogger hat mehr als einen Blog. Professionelle Blogger betreiben im Schnitt 4 verschiedene Blogs.
- Ein gutes Viertel der Blogger arbeitet hauptberuflich als Blogger.
- Es dauert im Durchschnitt 3,5 h, um einen Blog-Artikel mit ca. 1000 bis 1500 Worten zu schreiben.

Die meisten Blogger sind selbstständig und betreiben ihren eigenen Blog. Dafür ist eine gute Selbstorganisation erforderlich, um alle anfallenden Aufgaben rechtzeitig zu erledigen. Es gibt keine festen Arbeitszeiten und die Tätigkeiten können im eigenen Tempo erledigt werden. Neben gestalterischen Fähigkeiten ist auch Kritikfähigkeit wichtig, da Blogger manchmal negative Kommentare erhalten.

Einige Blogger arbeiten allein, während andere ein Team um sich haben. Der Großteil der Arbeit findet am Laptop oder Handy statt, wo

Themen recherchiert, mit anderen Bloggern, Kunden oder Dienstleistern kommuniziert und Aufgaben erledigt werden.

Es gibt keine klassische Ausbildung zum Blogger und Blogger ist kein anerkannter Ausbildungsberuf. Die erforderlichen Fähigkeiten kann man sich entweder selbst aneignen oder eine Ausbildung im Bereich Medien oder Design absolvieren und das erlernte Wissen nutzen, um als Blogger erfolgreich zu sein.

Viele Blogger starten ihren Blog nebenbei und können erst hauptberuflich als Blogger leben und arbeiten, wenn sie viele Leser und Follower gewonnen haben. Dies kann jedoch Jahre dauern. Daher ist Durchhaltevermögen wichtig, um kontinuierlich neue Beiträge zu veröffentlichen, selbst wenn sie zu Beginn der Bloggerkarriere von niemandem gelesen werden.

Eine gute Ausdrucksweise und ein Talent zum Schreiben sind als Blogger ein Muss. Gute Kenntnisse in Informatik können ebenfalls hilfreich sein, da Blogger nicht nur kreativ, sondern auch technisch versiert sein müssen.

Das Einkommen eines Bloggers hängt davon ab, wie gut der Blog aufgebaut und vermarktet wird. Geld wird in der Regel durch Werbeanzeigen und Kooperationen mit Unternehmen verdient. Daher kann das Einkommen von Bloggern stark variieren, von wenigen Cent bis zu mehreren Tausend Euro pro Monat. *Finn Hillebrandt* von blogmojo.de sagt:

> „Ich kenne Blogger, die in kurzer Zeit auf ein Einkommen von 2000 bis 4000 € gekommen sind. Genau so gibt es aber Blogger, die über 5000 € oder sogar über 10.000 € verdienen." (Hillebrandt 2024)

Es gibt auch Unternehmen, die Blogs betreiben und Blogger einstellen. In solchen Fällen arbeitet man oft als Redakteur/in oder Content Manager in der Redaktion.

„Basierend auf **2984 Gehaltsangaben** von kununu-Nutzer:innen beträgt das **Durchschnittsgehalt** als Content Manager:in in Deutschland **40.800 €** brutto pro Jahr, wobei **Frauen 40.700 €** und **Männer 41.600 €** im Durchschnitt verdienen. **Das Monatsgehalt liegt bei 3400 €** brutto (bei 12 Gehältern). ... Dein genaues Gehalt als Content

Manager:in in Deutschland kann je nach Branche, Erfahrung, Unternehmensgröße und Standort variieren" (Kununu 2024).

Die genaue Anzahl der Blogs weltweit ist schwer zu bestimmen, da es viele verschiedene Plattformen und Länder gibt, in denen Menschen bloggen.

„Weltweit gibt es über 600 Millionen aktive Blogs und Bloggen ist weiterhin die dritthäufigste Content-Strategie." (Hillebrandt 2024)

In Deutschland gibt es schätzungsweise 200.000 aktive Blogger (Buggisch 2016), wobei deren Zahl nicht verlässlich geschätzt werden kann, da es keine Registrierungspflicht für Blogs gibt.

Im Juli 2023 nutzten laut Statista rund 63 % aller Blogger weltweit WordPress als Content-Management-System (CRM) (Statista Research Department 2024). Der restliche Prozentsatz verteilt sich auf eine Vielzahl an Systemen. Die meistgenutzten CRMs sind bekannte Anbieter von Blog Communities wie WordPress, Blogger oder Tumblr.

Blogger ist also ein neuer Beruf, von dem man zumindest in bestimmten Nischen leben kann – wenn es gut läuft. Diese Nischen sind vor allem Folgende:

1. Finanzen und Investitionen: Blogs in dieser Nische können Einnahmen durch Affiliate-Marketing, gesponserte Beiträge und den Verkauf von digitalen Produkten erzielen. Beispiele sind Blogs, die sich auf persönliche Finanzen, Investitionen, Kryptowährungen und Finanzplanung konzentrieren.
2. Gesundheit und Fitness: Diese Nische ist sehr beliebt und kann sehr lukrativ sein, insbesondere, wenn sie auf spezifische Unter-Nischen wie Gewichtsverlust, gesunde Ernährung, Fitness für bestimmte Altersgruppen oder gesundheitliche Bedingungen abzielt.
3. Technologie und Gadgets: Blogs in dieser Nische können Einnahmen durch Produktbewertungen, Affiliate-Marketing und Werbung erzielen.
4. Reisen: Obwohl die Reisebranche durch die COVID-19-Pandemie beeinträchtigt wurde, ist sie inzwischen wieder eine lukrative Nische, insbesondere wenn sie auf Luxusreisen, Low-Budgetreisen oder be-

stimmte Reiseziele abzielt. Bei profitablen Reisenischen geht es nicht nur um Reiseziele; sie umfassen spezielle Interessen wie Abenteuerreisen, Wellnesstourismus, umweltfreundliche Aufenthalte, kulturelle Eintauchungen, Luxusausflüge oder sogar haustierfreundliche Unterkünfte (The Digital Travel Expert 2024).
5. Bildung und Karriere: Blogs, die Ratschläge und Ressourcen für Karriereentwicklung, Job-Suche, berufliche Fähigkeiten und Online-Lernen bieten, können ebenfalls sehr lukrativ sein.

Bitte beachte, dass der Erfolg in diesen Nischen von vielen Faktoren abhängt, einschließlich der Qualität des Inhalts, der SEO-Strategie, der Zielgruppe und der Monetarisierungsstrategie. Zusätzlich ist wichtig, eine Nische zu wählen, die dich persönlich interessiert und in der du dich gut auskennst.

Das Berufsbild des Bloggers oder der Bloggerin passt zu dir, wenn du folgende Eigenschaften besitzt:

- Ausdauer und die Fähigkeit, Rückschläge zu überwinden
- Eine Vorliebe für kreative Tätigkeiten
- Eine Leidenschaft für ein spezifisches Thema
- Gute organisatorische Fähigkeiten.

Andererseits könnte das Bloggen nicht der ideale Beruf für dich sein, wenn du:

- Einen sicheren Arbeitsplatz bevorzugst
- Erwartest, vom ersten Arbeitstag an Geld zu verdienen
- Nicht gerne kommunizierst
- Dich leicht durch Kritik verletzt fühlst.

20.3 Blogger und/oder Influencer?

Obwohl in den letzten Jahren gelegentlich das Ende des Bloggens prognostiziert wurde, mit der Begründung, dass niemand mehr klassische Blogs liest, ist die Realität etwas vielschichtiger.

Bloggen bleibt weiterhin eine der beliebtesten Content-Strategien. Allerdings erfordert es heutzutage mehr Anstrengungen, um bei Google auf Seite Eins zu erscheinen und die Aufmerksamkeit der Leser auf sich zu ziehen, als es in der Vergangenheit der Fall war.

Reine Blogger, die sich ausschließlich auf ihren Blog konzentrieren, sind tatsächlich seltener geworden. Um im Internet Aufmerksamkeit zu erregen und sowohl Follower als auch Unternehmen auf sich aufmerksam zu machen, ist die Präsenz auf mehreren Plattformen notwendig. Daher sind Blogger heutzutage fast immer auch Influencer.

Ein reiner Blogger ist jemand, der regelmäßig Beiträge auf seinem eigenen Blog veröffentlicht. Blogger können verschiedene Inhalte wie Texte, Fotos, Videos oder Audiodateien verwenden, um ihre Gedanken, Meinungen oder Erfahrungen mit ihren Lesern zu teilen.

Ein Influencer hingegen ist jemand, der eine größere Fangemeinde oder Anhängerschaft in den sozialen Medien hat und diese beeinflusst. Influencer nutzen Plattformen wie Instagram, YouTube oder TikTok, um Inhalte zu erstellen und mit ihrer Zielgruppe zu interagieren. Sie können verschiedene Arten von Inhalten produzieren, darunter Produktbewertungen, Tutorials, Reiseberichte, Lifestyle-Bilder oder persönliche Geschichten.

Der Hauptunterschied zwischen einem reinen Blogger und einem Influencer liegt in der Art und Weise, wie sie Inhalte erstellen und verbreiten. Blogger konzentrieren sich normalerweise auf ihren eigenen Blog als primäres Medium, während Influencer die sozialen Medien nutzen, um ihre Inhalte einem breiteren Publikum zugänglich zu machen. Darüber hinaus kann ein Influencer durch Partnerschaften mit Marken und Unternehmen Einnahmen erzielen, indem er gesponserte Inhalte veröffentlicht oder Werbedeals eingeht. Blogger können auch Werbemöglichkeiten nutzen, sind jedoch in der Regel weniger auf Markenpartnerschaften angewiesen, um Einnahmen zu erzielen.

Wenn du die neuesten technischen Entwicklungen im Auge behältst und Trends vorhersiehst, kannst du auch in Zukunft als Blogger erfolgreich sein. Dennoch ist es ratsam, ein zweites Standbein in einem klassischen Brotberuf zu haben.

Literatur

Azubiyo (o.J.) Blogger/Bloggerin – Ausbildung & Beruf. https://www.azubiyo.de/berufe/blogger/. Zugegriffen am 09.01.2025

Buggisch C (2016) Wie viele Blogs gibt es in Deutschland?, online unter Wie viele Blogs gibt es in Deutschland? – Christian Buggischs Blog. wordpress.com. Zugegriffen am 18.08.2024

Hillebrandt F (2024) 14 Wege, mit deinem Blog Geld zu verdienen (die auch funktionieren). https://www.gradually.ai/mit-blog-geld-verdienen. Zugegriffen am 18.08.2024

Kununu (2024) Gehalt für Content Manager:in, online auf Content Manager:in Gehalt Deutschland | kununu. https://www.kununu.com/de/gehalt/content-manager-in-15774. Zugegriffen am 18.08.2024

Statista Research Department (2024) Marktanteile der führenden Content-Management-Systeme weltweit im Juli 2023. https://de.statista.com/statistik/daten/studie/687016/umfrage/marktanteile-fuehrender-content-management-systeme-weltweit/. Zugegriffen am 18.08.2024

The Digital Travel Expert (2024) Ultimate guide to targeting profitable travel Niches in 2024. https://digitaltravelexpert-com.translate.goog/targeting-profitable-travel-niches/?_x_tr_sl=en&_x_tr_tl=de&_x_tr_hl=de&_x_tr_pto=rq#:~:text=Understanding%20the%20Profitable%20Travel%20Niches,or%20even%20pet%2Dfriendly%20accommodations. Zugegriffen am 18.08.2024

21

Zusammenfassung und Ausblick

Meine Berufung zu entdecken, ist mir nicht leichtgefallen. Aber durch die Beschäftigung mit dem Thema sowie durch Versuch und Irrtum habe ich sie entdeckt: es ist das Schreiben. Spätestens seit ich Buchautor bin, weiß ich, dass ich schreiben will und muss.

Dabei wollte ich immer vom Schreiben leben können und nicht tagsüber einem Brotberuf nachgehen müssen.

Deshalb erledigte ich zunächst Schreibaufträge für Textagenturen und den *VNR Verlag für die deutsche Wirtschaft AG*. Doch diese Aufträge wurden nicht besonders gut bezahlt und ich empfand diese Form von Auftragsarbeit irgendwann als unbefriedigend. Ich wollte schreiben, wozu ich Lust hatte und nicht Schreibaufträge für andere bearbeiten.

Zudem wollte ich lernen, wie man journalistische Artikel wie u. a. Reportagen und Features verfasst und schrieb mich an der Freien Journalistenschule (FJS) in Berlin für das Fernstudium Journalismus ein. Dieses beendete ich in gut einem Jahr und darf mich seitdem Fachjournalist (FJS) nennen.

Doch als freier Journalist gelang es mir nicht, Fuß zu fassen. Viele Printmedien schrumpften und bauten Journalistenjobs ab und am Markt gab es deshalb viele freie Journalisten mit mehr Erfahrung und besseren Kontakten zu den Medien, als ich sie hatte.

Zum Glück erkannte ich dies recht schnell und schwenkte um; ich gründete im Mai 2015 den Finanzblog *ETF-Blog.com*, mit dem ich meinen Lesern Geldanlage und Altersvorsorge mit Exchange Traded Fonds (ETFs) nahebringen wollte. Meine Mission: Junge Leute dazu zu motivieren, eine private Altersvorsorge mit ETF-Sparplänen aufzubauen.

Aller Anfang ist schwer: Zunächst musste ich den Umgang mit WordPress lernen und von SEO und Online-Marketing hatte ich nicht den Schimmer einer Ahnung. Aber mit Hilfe der Suchmaschine Google und mit YouTube-Videos konnte ich so ziemlich alle auftauchenden Probleme nach und nach lösen.

Mein gutes technisches Verständnis half mir dabei, denn ich habe, seit ich selbstständig bin, nur ganze drei Mal externe Hilfe in Bezug auf meine Computer in Anspruch nehmen müssen.

Mittlerweile blogge ich im zehnten Jahr über Geldanlage mit ETFs und habe mehr als 550 Blogartikel verfasst. Geld verdiene ich durch Werbung, Affiliate Marketing und den Verkauf von Links in die ganze Welt.

Kann ich davon leben? Ehrlich gesagt nicht. Mittlerweile arbeite ich mit einer halben Stelle in der Seniorenbetreuung. Also doch ein Brotberuf. Konkret in einer WG mit dementen Bewohnern. Noch vor fünf Jahren hätte ich mir nicht vorstellen können, mal in einem sozialen Beruf zu arbeiten.

Doch ich lebe seit über 20 Jahren mit meiner Mutter zusammen und kann gut mit alten Menschen umgehen. Also absolvierte ich den erforderlichen Lehrgang einschließlich eines entsprechenden Praktikums in einer WG mit dementen Bewohnern. Die Einrichtungsleiterin bot mir später eine Betreuungsstelle in einer anderen, neu gegründeten WG desselben Trägers an. Dort arbeite ich seit August 2023.

Die Arbeit mit den Senioren ist sehr befriedigend, denn ich erhalte viel positives Feedback. Ihr Tag ist durch die Mahlzeiten strukturiert und ich sorge entweder zwischen Frühstück und Mittagessen oder zwischen Kaffee und Abendessen für Abwechslung im Tagesablauf. Dabei habe ich abwechselnd eine Woche Frühdienst und eine Woche Spätdienst. Zu manchen BewohnerInnen habe ich mittlerweile eine nahezu freundschaftliche Beziehung.

21 Zusammenfassung und Ausblick

Spaziergänge, Sitzgymnastik, Gesellschaftsspiele, kreatives Gestalten und Gedächtnistraining stehen unter anderem auf dem Programm. Gelegentlich begleite ich auch einen Bewohner oder eine Bewohnerin zu einem Arztbesuch. Ich hätte vorher niemals gedacht, dass diese Arbeit so befriedigend ist. Nach fast zehn Jahren Arbeit am Computer tut mir der tägliche Umgang mit den Seniorinnen und Senioren, die ich betreue, einfach gut. Dabei kommt mir meine langjährige Erfahrung als Moderator und Dozent von Lerngruppen an Volkshochschulen und privaten Bildungsträgern mit zwischen fünf und 30 TeilnehmerInnen sehr zugute. Ebenso tut mir der Austausch mit meinen KollegInnen in der Einrichtung gut. Außerdem ist die Arbeit nicht so anstrengend und ich bin nicht sonderlich erschöpft, wenn ich nach dem Job nach Hause komme, sodass ich noch Energie für meinen Blog und andere Dinge habe.

Mit dem Verdienst aus meiner halben Stelle als Alltagsbegleiter sowie der Rente, die ich ab Oktober 2024 beziehe, werde ich gut über die Runden kommen. Hinzu kommen noch gelegentliche Gewinne aus dem Handel mit Kryptowährungen, denn das Thema Geldanlage wird mich in diesem Leben nicht mehr loslassen.

Inzwischen habe ich ETF-Blog.com verkauft. Da ich in diesem Buch sehr offen mit meinen Zahlen umgegangen bin, möchte ich auch den Preis, zu dem ich meinen Blog verkauft habe, nicht schuldig bleiben: Er betrug brutto 11.900 €. Nach fast zehn Jahren als Finanzblogger war die Luft einfach raus und ich habe in 567 Blogartikeln alles zu ETFs gesagt, was ich dazu sagen kann. Außerdem habe ich das Schreiben von Blogartikeln neben meinem Job als Betreuungskraft von Seniorinnen und Senioren immer mehr als lästige Pflicht empfunden.

Jetzt habe ich wieder Zeit und Muße, mich neben meiner Arbeit anderen Projekten zu widmen. Wie zum Beispiel dem Schreiben eines Lehrbuchs für Alltagsbegleiter. Davon gibt es noch nicht viele und es ist am Buchmarkt durchaus noch Luft für einen weiteren Titel von einem erfahrenen Autor, der zudem täglich praktische Erfahrungen in diesem Beruf sammelt. Und da die Menschen immer älter werden, wird der Bedarf an zusätzlichen Betreuungskräften bzw. Alltagsbegleitern von SeniorInnen weiter ansteigen. Somit wird auch die Zahl potenzieller Leser solcher Lehrbücher im Zeitablauf immer größer werden.

Der Arbeitstitel des geplanten Lehrbuchs lautet: *Qualifizierte Betreuung in der Altenpflege – Lehrbuch für angehende Alltagsbegleiter nach § 53b SGB XI.*

Doch gut Ding will Weile haben: Da meine Mutter – inzwischen 95 Jahre alt – den Haushalt nicht mehr schafft, obliegt die Zubereitung von Mahlzeiten und die Führung des Haushaltes nun mir. So bleibt zum Schreiben unterm Strich einfach weniger Zeit als in früheren Lebensphasen.

„Am Ende wird alles gut sein. Wenn es nicht gut ist, dann ist es noch nicht das Ende." (Fernando Sabino 1988)

Literatur

Sabino F (1988) O tabuleiro de damas, S 97, Editora Record, Rio de Janeiro. – Siehe auch: Quoteresearch (2023) Quote Origin: *Everything Will Be OK in the End. If It's Not OK It's Not the End*, Quote Investigator. https://quoteinvestigator.com/2023/01/01/everything-ok/. Zugegriffen am 03.09.2024

GPSR Compliance

The European Union's (EU) General Product Safety Regulation (GPSR) is a set of rules that requires consumer products to be safe and our obligations to ensure this.

If you have any concerns about our products, you can contact us on

ProductSafety@springernature.com

In case Publisher is established outside the EU, the EU authorized representative is:

Springer Nature Customer Service Center GmbH
Europaplatz 3
69115 Heidelberg, Germany

www.ingramcontent.com/pod-product-compliance
Lightning Source LLC
LaVergne TN
LVHW020346260326
834688LV00045B/1558